나답게 산다는 것의 의미

나답게 산다는 것의 의미

_ 어느 개인주의자의 자기 세계 창조기

지은이 | 안상헌, 양 송
펴낸곳 | 북포스
펴낸이 | 방현철

편집자 | 권병두
디자인 | 엔드디자인

1판 1쇄 찍은날 | 2022년 08월 12일
1판 1쇄 펴낸날 | 2022년 08월 19일

출판등록 | 2004년 02월 03일 제313-00026호
주소 | 서울시 영등포구 양평동5가 18 우림라이온스밸리 B동 512호
전화 | (02)337-9888
팩스 | (02)337-6665
전자우편 | bhcbang@hanmail.net

ISBN 979-11-5815-065-5 (03190)
값 17,500원

어느 개인주의자의
자기 세계 창조기

나답게 산다는 것의 의미

안상현, 양송

북포스

목차

1장 • 카프카처럼 살아볼 것

2장 • 이해되지 않는 사람으로 남을 것

3장 • 높은 자아에 초점을 맞출 것

4장 • 가깝지도 멀지도 않게 머물 것

5장 • 자기 세계를 창조할 것

서문

나답게 살고 싶었다.

그것이 왜 그리 힘들었을까?

오랫동안 고민해서 얻은 답,

'나만의 세계, 자기 세상이 없다.'

그때 알았다.

산다는 건 자기 세계를 만드는 과정이라는 걸.

어렸을 때는 자기 세계가 크게 중요하지 않지만, 나이가 들수록 중요해진다.

마음껏 즐기며 쉬고 꿈꿀 수 있는 곳, 그런 세계가 필요하다.

자유로운 삶을 위한 최선의 길은 자기 세계를 창조하는 것이다.

자기 세계를 갖는다는 건 자기다운 삶의 방식을 만든다는 것이고, 자기 영역을 구축한다는 뜻이다.

자기 세계를 가진 사람은 다른 사람들이 함부로 침입할 수 없는 영역을 가졌고, 자기만의 가치관으로 살기 때문에 삶의 만족도가 높으며 주변 사람들에게 존중받는다.

삶의 질이 높아질 수밖에 없다.

자기 세계를 만들며 자기답게 산다는 것은 두 가지 의미가 있다.

하나는 나만의 개성과 취향을 찾는 것이고, 다른 하나는 가능성을 열어두고 정체성을 새롭게 만들어가는 것이다.

정체성은 자신감과 확신을 주고 어떻게 살아가야 하는지 감을 잡는 데 도움을 준다.

그 과정에서 새로운 가능성이 열린다.

카프카처럼 산다는 것은 자기답게, 자기 세계를 건설하는 일이다.

나다운 삶을 위해 카프카처럼 작은 몸부림을 시작해보자.

1장

카프카처럼 살아볼 것

카프카처럼 살아볼 것

밤늦도록 책 속을 여행하고 있었다.

엄마가 말했다.

"그만 자야지."

"더 읽고 싶은 걸요."

"너무 늦었어."

"너무 늦었다는 건 있을 수 없어요. 시간은 영원해요."

"늦게 자면 아침에 일어나기 힘들어."

"아침에 일어나지 않아도 괜찮아요. 일찍 일어나는 건 중요하지 않아요."

"지어낸 이야기는 아무 쓸모가 없어."

"쓸모 있고 없고는 중요하지 않아요. 재미있는 걸요."

"근데 이 녀석이!"

불이 꺼졌고, 엄마가 이겼다.

한 소년의 고유성은 밑동이 잘리고,

그 자리에 타인의 규칙이 이식된다.

아이가 사라지고 어른이 길러진다.

이것이 인간의 역사다.

> "모든 인간은 각자 고유하다. 그 고유성으로 세상에 영향을 미치도록 되어 있다. 자신의 고유성에서 취향을 찾아야만 한다. 그러나 내가 경험한 바로는 학교도 가정도 이 고유성을 말살하는 데 급급하다."
>
> _ 프란츠 카프카

카프카는 슬픈 마음으로 잠자리에 들었지만

책을 읽어야겠다는 생각은 사라지지 않았다.

눈물이 베갯잇을 적셨고 그 자리에서 증오의 싹이 자랐다.

증오는 그의 문학을 지키는 수문장이 되었다.

카프카는 어른의 눈으로 좋은 책과 나쁜 책을 구별하지 않았다.

그 책이 가슴에 거센 파도를 일으키는지가 중요했다.

이것이 카프카가 자신의 고유성을 발견하고 길러가는 방식이었다.

카프카적으로 산다는 건, 나를 감동시키는 것을 좇는 것이다.
나의 고유성을 지키기 위해.

인생의 절반쯤 왔을 때 들리는 소리

"사람은 인생의 절반을 세상으로 나아가기 위해 살고, 나머지 절반을 자기에게 돌아오기 위해 산다."

칼 융의 말이다.

나답게 살겠다는 생각이 들었다면 인생이 절반쯤 왔다는 증거다.

나답게 살기로 결심했다는 말은

세상 속에서는 나를 찾을 수 없다는 사실을 깨달았다는 뜻이요,

나다운 것은 내가 두고 떠나온 나의 과거에 있음을 깨달았다는 뜻이다.

그래서 길을 돌이킨다.

안개가 걷히고 지난 삶이 보이기 시작한다.

당연하다고 믿으며 살아왔던 삶의 방식이

낯설다.

하나밖에 없다고 믿었던 그 길

옆으로

구불거리는 길, 수풀 덮인 길, 나무에 낡은 리본이 표시된 해묵은 길, 새하얀 눈이 쌓인 미답의 길

그리고 더 많은 길이 모습을 드러낸다.

남이 걸었던 길도 아니고, 미디어가 가리키는 길도 아닌

가슴 속 나침반이 알려주는 길이 보이기 시작한다면,

자기계발이나 성취보다 인문학과 의미가 더 끌린다면,

어제의 삶과 작별할 때다.

그대의 걸음으로 걸어라.

내가 다른 사람들과 발맞춰 걷지 않는 것은 다른 북소리를 듣기 때문이다.

그것도 나답다

앨리스가 물었다.

"어느 길로 가야 하는지 가르쳐줄래?"

고양이가 대답했다.

"그건 네가 어디로 가고 싶은가에 달려 있어."

앨리스가 말했다.

"어디든 상관없어."

고양이가 받았다.

"그렇다면 어느 길로 가도 상관없잖아."

앨리스가 덧붙였다.

"어디든 도착만 한다면…."

고양이가 말했다.

"넌 틀림없이 도착하게 될 거야. 계속 걷다 보면 어디든 닿게 되어 있어."

'이것이 나다운 거다.'

이렇게 정해버리면 괴로워진다.

그 길만 나답고 다른 건 나답지 않아 보인다.

그 길도 나답다면 아무 길로 가도 괜찮다.

나답게라는 말의 강박에서 벗어날 때 진짜 나다움이 허물을 벗고 속살을 드러낸다.

나는 신인가수 :

"오늘 공연장에 열 명이나 있어. 이런 기회를 가질 수 있다는 건 행운이야. 아, 좋다 좋아."

나는 인기가수 :

"공연장에 사람이 열 명밖에 없잖아. 이런 데서 노래를 하라니 화가 나네. 정말 싫다 싫어."

상황은 같은데 감정이 다르다.

내가 누군지, 그것에 갇혔기 때문이다.

나는 이런 사람이어야 해, 그건 나다움이 아니다.

나다움이 만든 또 하나의 감옥이다.

나다움을 오해하면 지금을 즐길 수 없다.

앨리스처럼 목표를 정해보자.

"어디든 도착하기."

나답게를 바꿔보자.

"그것도 나답다."

나답게 살고 싶다는 강박에서 벗어날 때 진정한 나를 만난다.

상식이 안 통하는 사람

자기 뜻대로 하는 사람을
고집불통이라고 할까, 주도적인 사람이라고 할까?
남의 뜻을 따르는 사람을
배려심이 있다고 할까, 노예라고 할까?

"상식이 통하는 사람이야."
이런 말을 들었다면 기쁨을 거두자.
자기 생각을 버리고 상식에 숨었다는 뜻이니까.

"좋은 사람이야."

이런 말을 들었다면 미소를 멈추자.

내 소망은 감추고 남이 시키는 대로 한다는 뜻이니까.

내 것을 고수하지 않는 이유는

남들이 좋아할 것 같기 때문이다.

생각에 자신이 없기 때문이다.

행동에 책임지고 싶지 않기 때문이다.

시키는 대로 하는 사람은 생각하지 않아도 된다.

시키는 대로 하는 사람은 책임질 필요도 없다.

노예근성이다.

쇼펜하우어는

타인의 의견에 많은 가치를 부여하는 것은

그들을 필요 이상으로 존중하는 것이라고 했다.

아무도 요구한 적 없는데 내 주도권을 함부로 넘겨주지 말자.

남의 의견을 따르는 데도 선이 있다.

독자노선을 걷는 사람, 자신의 욕망에 충실한 사람,

그가 주인이다.

상식이 안 통한다. 나쁘다. 이기적이다.
이런 소리를 들을 수 있다면, 인생의 주인이 될 준비가 된 것이다.

조금은 뻔뻔해질 것

어린 시절 아버지 몰래 외투에서 100원짜리 동전 몇 개를 자주 꺼냈다.

초등학교 시절 콧물을 훔쳐 바지에 닦았는데 하도 발라대서 바지가 허옇게 변했다.

수두로 결석한 날, 선생님의 지시로 멀끔한 옷차림의 같은 반 친구가 판잣집으로 찾아왔지만 이불을 뒤집어쓴 채 숨어 있었다.

지점장이 그따위로 일하려면 집어치우라고 소리쳤다. 못 들은 척 얼굴을 푹 숙인 동료들이 의식되었다.

왜 이런 책이 팔리는지 이유를 모르겠다는 댓글이 달렸다. 글쓰기를 포기하고 싶었다.

실수는 계속되었고, 사람들의 시선은 무서웠고, 부끄럼은 끝이 없었다.

'넌 실격이야.'

가난, 실수, 무지, 두려움….

과거는 패배의 언어로 점철되어 있었다.

수치심의 칼날이 나를 발가벗겼다.

숨을 곳이 없었다.

심리학자 카우프만은 수치심이 얼마나 위험한 감정인지 지적한다.

우리가 한 인간으로서 받아들여질 수 있느냐라는 중요한 문제와 연결되기 때문이다.

실제로 현대인들이 겪는 우울증, 소외감, 열등감, 외로움 등의 주요 원인이 수치심으로 지목된다.

수치심은 나와 타인 사이의 경계와 관련 있다.

내 마음이 타인에게 노출되었을 때, 숨기고 싶은 모습을 들켰을 때, 타인과 세상이 경계선을 침범했을 때 드는 감정이 수치심이다.

화장실이나 방문을 잠그고, 거짓말을 하는 이유는 경계선을 방어하기 위함이다.

문제는 우주 방어를 한다고 해도 침략을 막을 수는 없다는 것.

세상 모든 것이 그렇듯 수치심에도 해로움과 이로움이 공존한다.

해로운 수치심은 자신을 타인과 비교하게 만들고 열등한 존재로 전락시킨다.

더 중요한 건 내가 나를 수치로 여기면 다른 사람도 나를 쉽게 본다는 거다.

도움이 되는 수치심도 있다.

부끄러움에 맞서 과감하게 싸우는 것, 건강한 수치심이다.

부끄러움과의 싸움에서 방어는 최선이 아닐 수 있다.

자신감 있는 사람은 막지 않고 연다.

"들어올 테면 들어와 봐."

약간의 뻔뻔함이 도움이 된다.

'내가 어때서.'

'그럴 수도 있지, 뭐.'

'너는 완벽하냐?'

약간의 뻔뻔함이 있다면 수치심이 주인 노릇하는 걸 막을 수 있다.

부끄러울 일이 없길 바라되

수치심이 없길 바라지 말자.

다만 수치심이 모습을 드러낼 때면

나를 꼭두각시처럼 가지고 놀지 않기를 빌며

뻔뻔함 한 줌을 뿌려 내 삶의 방어막으로 삼는다.

부족함을 받아들이고,

부끄러움에 당당할 수 있는 것이 진정한 건강함이다.

의미 있는 선택을 한다는 것

30대 시절, 내 삶의 키워드는 '의미'였다.

일의 의미, 하루의 의미, 일상의 의미, 사람의 의미, 책의 의미….

온통 의미에 사로잡혀 지냈다.

삶을 지탱하는 수단인 직장은 있었지만 삶의 의미를 묻는 질문에 대한 답은 내게 없었다.

마치 그릇은 갖추었지만 그 위에 담아야 할 음식이 없는 것처럼….

그때 만난 책이 빅터 프랭클의 〈죽음의 수용소에서〉였다.

성공을 목표로 삼지 마라.

성공을 목표로 삶고, 그것을 표적으로 하면 할수록 그것에서 더욱 멀어질 뿐이다.
성공은 행복과 마찬가지로 찾을 수 있는 것이 아니라 찾아오는 것이다.

_ 빅터 프랭클

오래된 속담처럼 친숙한 문구였지만 왠지 모를 끌림이 있었다. 그가 이 문장을 길어 올린 우물이 죽음의 수용소였기 때문이리라.

나치가 만든 죽음의 수용소에서 살아간다는 말은, 머지않아 죽게 된다는 사실, 그 죽음이 예고 없이 불시에 찾아온다는 사실을 알고 하루하루를 버티는 삶을 의미한다.

아무런 희망을 기대하지 못하는 사람들의 표정을 우리는 영화나 드라마, 소설, 다큐로 보며 간접적으로 체험해왔다.

절망의 냄새가 짙은 곳에서는 모두 도축장의 동물이 된다.

그런데 그 가운데 몇몇이 인간다운 행동을 선택한다.

수용소 동료를 위로하고 격려한다. 마지막 남은 빵을 이웃과 나눈다.

이 극소수의 사람들을 통해 빅터 프랭클은 죽음의 쇠사슬에 발목이 채여도 수인이 아닌 사람처럼 자유롭게 행동할 수 있는 용기가 사람에게 있음을 깨닫는다.

긍정적 에너지로 가득한 그들의 행동은 수용소라는 극한의 환경으로 설명될 수 있는 성질의 것이 아니었다.

어떤 행동도 가스실행을 막을 수 없다는 것을 알면서도 그들은 스스로를 포기하거나 방치하지 않고 지금 할 수 있는 범위 안에서 무언가 하기로 결심했다.

때로 창의성을 꺼내들어 자신이 할 수 있는 행동의 범위를 넓히면서 최선이라고 믿는 행동을 선택했다.

보상으로 수용소에서 탈출할 수 있다고 믿었던 것도 아니고, 나만큼은 누가 살려줄지 모른다고 헛된 소망을 품은 것도 아니다. 행위에 대한 유일한 보답은 그들의 격려에 힘입어 넘어가지 않은 음식을 입에 욱여넣으며 힘을 내는 사람들의 모습밖에 없었다.

그들은 자기 행동이 가져올 현실적인 변화만 기대했을 뿐, 그 행위와 무관한 수용소 탈출 따위를 막연히 기대하는 우를 범하지 않았다. 헛된 소망이 동반된 행동이었다면 결코 지속되지 못했을 것이고, 소망의 실현이 불가능하다는 사실을 깨닫는 순간 지옥의 문이 아가리를 벌리며 그를 크게 잠식했으리라.

한때 '이렇게 살아야 진짜 인생이지.'라며 가슴속에 근사한 그림 한 장 갖고 살았다.

직장에 바라는 것이 많았고, 남에게 요구가 넘쳤으며, 세상은 이래야 한다고 목소리를 높였다. 세상으로 하여금 네가 바뀌어야 한다고 외쳤다.

이런 방식은 괴로움만 가져온다는 걸 점차 깨달았다.

의미 있는 삶은 삶에게, 세상에게 바뀌라고 외치는 게 아니라 내가 바뀔 때 시작된다. 징징거리며 왜 내게는 이런 걸 주지 않았는지 묻기 전에 내가 무엇을 할 수 있는지 생각하고 행동하는 데서 시작된다.

오늘을 의미 있게 만들려면 무엇을 해야 할까?

지금 이 순간 의미 있게 살려면 무엇을 해야 할까?

내가 바꿀 수 있는 걸 바꾸는 것.

어제와 같은 하루를 되풀이해서 살지 말 것이며,

이걸 하며 저걸 바꾸겠다는 생각으로 살지 말 것이다.

지금 내 힘으로 바꿀 수 있는 일을 하는 것이 유일하게 의미 있는 하루를 만드는 방법이다.

다른 사람은 몰라도 나 자신은 내 힘으로 바꿀 수 있다.

다른 건 몰라도 타인의 삶에 순응해온 내 삶을 주도적으로 바꿀 수 있다.

내가 설령 활동이 제한된 감옥에 갇혀 있다고 해도 내 손에는 여전히 수많은 가능성의 행동들이 있다. 그 행동들 가운데 무엇을 택할지 자유는 최소한 내게 있다. 그렇게 선택한 행동이 나의 하루가 된다.

그게 가장 나다운 선택이요, 가장 나다운 하루다.

일상에서 의미를 발견하지 못하는 사람은 괴로울 수밖에 없다.
나다운 선택을 통해 하나씩 승리하는 것,
그것이 의미 있는 삶의 비결이다.

Pick me

학교라는 공장에서

수업이라는 공정을 거쳐

졸업장이라는 제품증명서를 받고

세상이라는 시장에 출시된 우리는

사용가치 높은 제품이 되기 위해

자기소개서를 업데이트하며

고객의 픽업을 기다린다.

회사라는 군대에서

업무라는 훈련을 거쳐

성과라는 목표에 단련된 우리는
교환가치 높은 인재가 되기 위해
지식과 기술 자격증을 업그레이드하며
제품 수명 연장을 갈망한다.

그렇게 사용되고, 교환되고, 소진되어,
녹슨 건전지로,
이름 없는 폐기물로,
버려진다.

Pick me. Pick me. Pick me up.

인생은 짧게 보면 삶을 향한 희망이고,
길게 보면 죽음을 향한 절망이다.

노인의 말을 귀담아들을 것

꼰대가 있고, 노인이 있다.

그 노인들이 모인 어느 모임에서 젊은이에게 해주고 싶은 말을 공개했다.

책임질 준비가 되기 전에는 결혼하지 마라.

너무 진지하게 살지 마라.

모험을 더 많이 해라.

하고 싶은 일을 해라.

더 많이 즐겨라.

이 조언들이 어떤 배경 아래 탄생했는지는 모르지만
아마 스무 살의 자신들에게 하고 싶은 얘기일 테다.

짐작컨대 스무 살 당신은
사회가 중시하는 가치를 너무 진지하게 받아들여
세상의 다양성에 눈을 뜨지 못했고
내가 하고 싶은 일이 아닌
사람들이 선망하는 일에 몰두했으며
안전을 선호하여
스무 살에 이미 오십의 선택을 했으리라.

그렇게 걸어온 길 끝에서 나이 비슷한 노인들끼리 만나다 보니
서로 얼굴도 닮아 있고, 살아오며 갖게 된 마음도 복사판이다.
그러니 수많은 시간을 살아온 그들의 입에서
더 많은 얘기가 나올 법하지만
딱 이 5가지 조언으로 지혜가 모아졌으니
서로 닮지 말고, 각자의 얼굴을 조각하라는 얘기밖에 더 무어 보탤 것이.

아, 단 하나.

이건 정말 빠뜨리면 안 될 것 같아서 붙인 얘기 같은데

노파심이 틀림없다.

결혼이란 아무리 조언해봐야 경험하기 전에는 알 도리가 없으므로.

노인을 무시하지 말자.
나보다 인생을 오래 산 사람들이다.

뺄셈의 미학

나답게 살겠다 ….

어제도 결심했고 오늘도 굳게 다짐했지만

내일 다시금 쓰라린 실패가 눈에 그려지던 날, 문득 생각한다.

도대체 나답게 사는 게 뭐지?

나답게 살려면 나를 알아야 할 텐데 나는 누구인가?

지난 앨범을 뒤적이다 만난

감춘 이마 아래로 수줍게 웃고 있는 내 얼굴이 나인가?

아니면 해묵은 일기장에서 만난 분노와 슬픔의 흔적들이 나인가?

그 무엇도 나라는 확신이 들지 않아서 답답하다가

셈법을 바꿔본다.
부족했던 걸 더하려고 하지 말고
과했던 걸 덜어내면 어떨까?

나답다고 믿는 행동을 의식적으로 할 게 아니라
나답지 않다고 여겨지는 행동을 빼면 어떨까?

나다운 게 뭔지 아직 모르는 사람도
나답지 않은 건 귀신같이 알아차린다.
불편하거나 부자연스럽다면
그건 나답지 않은 거다.

할까 말까 고민스러울 때가 있다.
재판관을 소환한다.
하면 불편할 것 같다? 중지를 명령한다.
말면 불편할 것 같다? 실행을 명령한다.

아직 나답게를 못 찾았다고 실망할 건 아니다.
넘치는 의욕을 잠시만 내려놓고 셈법을 바꾼다.
이 세계의 수학은 덧셈이 아닌 뺄셈으로 시작된다.

나답지 않은 것을 빼면 나다움이 드러난다.
마음이 불편하면 나답지 않은 거다.

혼자 있는 시간이 나를 만든다

성격 탓인지 사람을 잘 안 만난다.

말수도 적다. 겨우 인사말 정도가 고작이다.

딱히 이유가 있는 건 아니다.

그냥 말을 안 하는 게 편하다.

그렇다고 사람이 싫은 건 아니다. 만나면 좋다. 단지 말을 안 할 뿐.

사람 사이는 가깝지도 멀지도 않은 사이가 좋다고 생각한다.

말이 적으면 좋은 점이 많다.

일단 에너지를 아낄 수 있다.

회의할 때는 일부러 말을 안 한다. 그래야 회의가 빨리 끝난다.

에너지도 아끼고 시간도 절약된다.

덕분에 나에게 쓸 수 있는 시간이 많아진다.

혼자 있는 동안 뭘 하냐고?

그냥 이것 저것.

유튜브 보기, 음악 듣기, 책 보기, 긁적거리기….

혼자 지내는 것이 당연해지면 할 수 있는 것을 개발하게 되어 있다.

혼자 지내는 습관이 생긴 건 오래전이다.

책을 읽기 시작하면서 특히 심해졌다.

대학시절 책에 살짝 미쳐서 지냈다.

1년 동안 300권을 읽은 적도 있다.

지금 책을 쓸 수 있는 것도 그 시절이 있었기 때문이라고 믿는다.

혼자 있는 시간은 자기만의 것이다.

이 시간에 무엇을 하는지 보면 자기의 정체성을 알 수 있다.

내가 무엇을 좋아하는지가 확연히 드러나기 때문이다.

주의할 것은 소모적인 활동에 지나치게 시간과 에너지를 소모하지 않는 거다.

유튜브나 넷플릭스, 게임은 즐겁지만 생산적이진 않다.

책을 보거나, 글을 쓰거나, 하고 싶은 일에 도움을 주는 활동을 하는 건 생산적이다.

어떤 활동이 소모적인지 생산적인지는 끝난 후에 알게 된다.

너무 오랫동안 했다고 후회가 된다면 소모적인 거다.

그런 건 적당히 멈춰야 한다.

대신 오래 할수록 뿌듯함이 몰려오는 활동을 늘려야 한다.

이게 자기다운 거다.

그렇게 시간이 지나면 알게 된다.

혼자 있는 시간에 했던 것이 지금의 나를 만들었다는 걸.

고독은 나를 새롭게 만드는 힘이다.

표절시비

우리는 매일 표절시비를 벌인다

네 하루가 왜 나와 비슷하냐

내 인생이

네 사랑은

그렇고 그런 얘기들

밤 전철에서 열 사람이 연이어 옆 사람

하품을

표절한다

_ 시인 김경미

표절이란
자기 고유의 가치와 의미를 잃어버린 사람들이
남의 얼굴을 훔쳐 자기 가면으로 쓴 것이다.

시비란
가면을 쓰고 있는 사람들이
서로 자신이 진짜라고 주장하는 것이다.

하품이란
내 가면을 뺏길지 모른다는 두려움에 사로잡힌 사람들이
공허한 얼굴을 들키지 않기 위해 언제 그랬냐는 듯 시선을 돌리는 것이다.

사람이 평범하게 되는 이유는 세상이 명령하는 대로
오늘은 이것에 따르고 내일은 다른 것에 맞추면서,
결코 세상에 반대하는 일 없이 다수의 의견에 충실하기 때문이다.
_ 빈센트 반 고흐

나답지 않은 한마디

회사 가기 싫다고, 사람도 일도 싫다고, 넋두리를 풀었다.

"너답지 않게 왜 그래?"

몸이 중력을 이기지 못해, 12시까지 침대를 뒹굴었다.

"오늘 너답지 않아."

사람들 사이에 묻혀 아무 말 없이 잉여감을 즐겼다.

"너 오늘 이상하다."

언제부턴가 사람들이 나다움을 결정해주고 있다.

너는 이런 사람이어야 해.

이게 너다운 거야.

그들이 결정해주고 있다.

그래서 오늘은 나답지 않게 한마디 한다.

"나다움은 내가 결정해. 알겠어? 이것들아!"

나다움은 내가 결정하는 거다. 너희들이 아니라!

궁둥이 긁기

헌 옷이 편한 건
내 몸에 길들여졌기 때문이다.

내 바지는 내 엉덩이를 잘 알고,
내 신발은 내 발을 잘 알고,
내 행동은 내 생각을 잘 안다.

남의 옷을 걸치고
남의 생각을 입고
남의 이름을 달고 사는 건

오른손으로 왼쪽 궁둥이를 긁는 것
한 번은 긁을 수 있어도
두 번은 못 긁는 그 일을
굳이 감수하며 살아가는 건
실은 왼쪽 궁둥이가 가렵지 않다는 것

가려울 때 긁되
편한 손이 나와야
그게 진짜 긁음이요
나다움이다.

나답지 않을 때 삶은 질식된다.
나답게 살려면 내 기분,
내 마음, 내 취향부터 살펴야 한다.

어른의 의미

밥벌이를 걱정하기 시작했을 때

내일이 두려워지기 시작했을 때

부모님과 선생님의 말이 옳다고 생각될 때

무리의 의견에 나를 맞추기 시작했을 때

거울에 비친 나를 보며 어떻게 하면 괜찮게 보일까 고민하기 시작했을 때

그때 어른이 되었다고 한다.

어른은 타인의 가치관을 받아들인 사람이다.

나를 사랑하지 못한 죄

나의 생은 미친 듯이 사랑을 찾아 헤매었으나
단 한 번도 스스로를 사랑하지 않았노라

_ 기형도

사랑을 찾아 헤매는 이들,

상대방이 뭔가 해주기를 기대한다.

내게 부족한 것을 그와 그녀가 채워주기를.

결핍이다.

애정결핍, 관심결핍, 개성결핍.

외로움을 느낀다면 자신의 결핍부터 살펴야 한다.

외로움을 견디지 못해 애정을 갈구하면 상대방을 괴롭히게 된다.

결핍을 채우기 위한 관계는 고통으로 돌아온다.

내 안의 결핍은 다른 사람으로 채울 수 없다.

자기를 사랑하지 않는 사람의 내면을 누가 어떻게 채울 수 있겠는가.

나를 사랑해줄 사람을 찾다가 내가 나를 사랑할 시간을 놓친다.

어떤 출발

말을 마구간에서 끌어내라고 지시했다. 하인은 내 말을 알아듣지 못했다. 나는 직접 마구간으로 들어가 안장을 얹고 말에 올랐다. 멀리서 트럼펫 소리가 들리길래 하인에게 무슨 일이냐고 물었다. 그는 아무것도 몰랐고 아무 소리도 듣지 못했다. 대문에서 그가 나를 멈추어 세웠다.

"나리, 말을 타고 어디로 가시나요?"

"나도 모르겠어. 다만 여기를 떠나는 거야. 끊임없이 여기에서 떠나는 거야. 그래야 목적지에 도달할 수 있지."

"그럼 목적지를 아신단 말씀입니까?"

"그래. 방금 말했잖아? '여기에서-떠나는-것', 그것이 나의 목적지야."

"예비 식량도 안 챙기셨잖아요?"

"그 따위 것은 필요 없어. 여행이 길어지고 아무것도 얻지 못한다면, 어차피 굶어 죽겠지. 어떤 예비 식량도 나를 구할 수는 없다고. 다행스러운 건 그것이 진정 엄청난 여행이라는 거야."

_ 프란츠 카프카

너무 오래 머물러 그게 나라는 착각이 들 때
떠난다.
여기만 아니면 되는 그곳으로
발길을 옮긴다.
오랜 습관이 시키는 대로 살았던 하인은 이 여행의 의미를 모른다.
트럼펫 소리를 못 듣는다.

과거의 것은 뭐 하나라도 들고 가지 않는다.
발길이 닿는 곳에 뭐가 있을지 미리 생각지도 않는다.
그저 지금의 나만 아니면 된다.
그렇게 시작한다.

나답게 산다는 건, 나를 찾아 떠나는 것이다.
삶은 시작되었고, 그 여행은 아직 끝나지 않았다.

멀리서 심장을 울리는 트럼펫 소리가 들린다. 출발이다.
나를 찾아 떠나는 여행.

2장

이해되지 않는 사람으로 남을 것

자발적 고독력을 기를 것

"인간의 모든 불행은 단 한 가지, 고요한 방에 들어앉아 휴식할 줄 모른다는 데서 비롯된다."

_ 파스칼

파스칼에 따르면, 혼자 되는 법을 모를 때 사람은 불행에 빠진다.

텅 빈 집의 어둠만큼이나 혼자가 익숙하지 못한 사람이 외로움을 탄다.

엄마 손 놓친 아이처럼 혼자 남겨졌음을 알아차릴 때 외로움이 몰려온다.

외로움을 못 견딘 끝에 나를 닮은 누군가를 찾는다.

다행히 친구가 시간이 비면

함께 밥 먹고 커피 마신다.

외로움이 강렬했던 만큼 수다는 길어진다.

혼자라는 느낌이 사라진다.

물론 일시적이다.

거절이라도 당하면

망설이며 간신히 보낸 카톡만큼이나 외로움이 더 크게 아가리를 벌린다.

수많은 메시지 가운데 하나였을 뿐인데

존재 전체가 거부당한 것 같다.

혼자를 못 견딜 때 사람에게 집착한다.

절교라도 하는 날에는 애정이 분노가 된다.

말끝에 칼날이 돋고, 들리는 모든 말이 송곳 같다.

그렇게 사람과 멀어지고 우울이 깊어간다.

이 모두가 혼자 지내는 법을 잊었기 때문에 생긴 일이다.

혼자 지내는 연습을 해본다.

어렵지 않다. 일단, 그냥 혼자 있어 본다.

스스로 선택한 외로움은 고독이라 부른다.

고독은 혼자 있을 줄 아는 것, 자기와 시간을 보내는 것.

음악을 틀어도 좋고, 책을 펼쳐도 좋고, 요리를 해도 좋다.

자발적으로 선택했는지가 중요하다.

어쩔 수 없는 혼자 있음이 아니라,

지금 여기에 혼자 있겠다는 결심이면 된다.

정신분석학자 해리 스택 설리반(Harry Stack Sullivan)이 그랬다.

관계로부터 격리되어 혼자 있는 고통은 외로움(loneliness)이요,

스스로 선택한 긍정적 즐거움은 고독(solitude)이라고.

혼자 지낼 줄 알면 타인을 의존할 필요가 없다.

혼자 지낼 수 있을 때 그들도 나를 좋아한다.

카톡이 온다.

"오늘 시간 있어?"

즐겼으면 고독이고, 당했으면 외로움이다.
스스로 외로움을 선택할 때 고독을 즐길 수 있다.

내가 누군지 몰라도 괜찮아

'너 자신을 알라'고 누가 델피 신전에 끼적인 걸까?

그 말을 좇아

내 이름 석 자 뒤에 숨은 정체불명의 존재를 찾으려는 사람이 있다.

예전에는 생년월일과 생시, 태어난 해의 띠, 손금, 얼굴에 내 진짜 모습이 있다고 믿었고(나는 왕이 될 상인가?),

혈액형이 나라고 믿기도 했다(내가 트리플 A형이라서 좀 소심해.).

요즘은 MBTI에서 나다움을 찾는 사람도 있으니

예로부터 나란 존재는 나이테 같은 손금이나 심리적 유형처럼 어떤 특징을 공유하는 무리의 하나일 뿐 개성이라곤 눈곱만큼도 없는 존재였던 모양이다.

물론 꼭 사주나 성격이 나라고 생각하지 않아도

그렇게 말하는 데는 나름 이유가 있겠다.

뭔가 쉽게 통용될 만한 무언가로 나란 존재를 설명하면

사람들은 더 이상 내가 왜 그런지 묻지 않기 때문이다.

"깊이 있는 모든 사상가는 오해받기보다는 이해되는 것을 더 두려워한다."

니체의 말이다. 그는 콕 집어 '깊이 있는 사상가'만 타인의 이해를 구하지 않고 차라리 오해 속에서 살아가기를 감수한다고 말했지만

사실, 많이들 그런 것 같다.

나도 내가 이런 걸 좋아하고 저런 걸 싫어한다는 것만 알 뿐

왜 좋아하는지, 왜 싫어하는지 모르는데

남이 나를 어떻게 이해하겠는가?

나도 입이 짧아 설명이 어수룩하고,

남도 귀가 짧아 이해가 둔할 때에는

차라리 오해 속에 갇혀 있는 게 속이 편한 길이겠다.

그래도 아무 말 없이 무표정하게 앉아 있는 것보다는

나름 공신력 있고, 잘 알려져 있는 띠나 혈액형, MBTI 같은 걸로
내 존재를 퉁 치는 것이니

설령 퉁은 치고 있지만
내가 원래 그런 사람이라고 스스로 믿는 것만 아니라면
우리는 얼마든지 이 편안한 오해 속에서
남몰래
느긋이 웃을 수 있다.

자신이 누군지 말할 수 있는 사람도 없으려니와
설령 알더라도 규정하지 않고 지켜보는 것이 현명한 길이다.

나는 나를 모른다. 그래서 나를 찾는다.

모순을 허용할 것

목표가 있다는 건 좋은 것이다.

허송세월하지 않고, 일상을 생산적으로 만들어, 성취감으로 나아갈 수 있다.

목표가 없다는 건 좋은 것이다.

삶을 소진시키지 않고, 일상을 느긋하게 즐기며, 소요할 수 있다.

세상이 모순적이란 건 좋은 것이다.

이래도 되고, 저래도 된다.

목표를 이뤄도 좋고, 이루지 않아도 좋다.

희망이 있는 사람이 절망도 한다.

희망이 없는 사람은 절망도 없다.

희망이 있으면 희망으로 살고,

희망이 없으면 절망 없이 살 수 있다.

나를 찾았다면 기쁜 일이고,

찾지 못했다면 찾는 재미가 남았다.

이래저래 해볼 만한 것이 삶이다.

모순을 허용하면 삶은 이래도 좋고, 저래도 좋은 것이다.

너의 '나다운 삶'을 내게 강요치 마라

나다운 삶을 주문하는 메시지가 넘친다.

어떻게 살아야 하느냐는 질문에 좋아하는 일을 하라는 말이 정답처럼 군림한다.

나답게의 신화를 달성한 사람들도 회자된다.

아무개는 좋아하는 운동으로 성공했단다. 아무개는 게임 개발의 재능을 발견해서 회사를 차렸단다. 나는 그렇지 못한데, 남들은 자기 길을 잘도 찾아내는 것 같다.

나답게 살아야 한다는 말이 어느새 압박이 된다.

네 생각을 말해보라는 요구를 받으면 참 곤란하다. 딱히 내 생각이 없는 경우도 얼마든지 많다.

내 적성, 내 취향, 내 진로라는 것이 공장 생산품처럼 태어날 때부터 정해져 있는 건 아닌 것 같다. 지금 당장 나다운 삶을 찾아서 갖다 바치는 게 내 배고픔보다 중요한가.

철학자 존 로크는 인간을 '타불라 라사(텅 빈 서판, Tabula rasa)'라고 불렀다.

태어날 때 아무런 인식능력도 없는 인간은 자라고 경험하면서 세상을 알고 사람을 배운다. 경험을 통해 세상이 어떤지, 나는 어떤 성향인지 알아간다.

적성과 진로를 찾지 못했다면 아직 타불라 라사 상태인지도 모른다. 텅 비어 있다는 건 뭐든 채울 수 있다는 말이다.

시간이 문제다. 누가 정했는지 모를 인생의 공식 스케줄 표를 보면 어느 나이에는 대학을 가고, 어느 나이에는 취업을 하고, 또 결혼하고, 승진해야 한다. 집을 마련해야 할 나이도 있고, 아이를 낳아야 할 나이도 누군가 정해버린 것 같다.

의문이 든다.

나는 당신과 다른 꽃인데 왜 봄에 몽땅 다 피라고 요구하는 걸까?

봄에만 피어야 꽃인 건 아닌데 왜 봄꽃만 꽃이라고 우길까? 그건 가을꽃에 할 말이 아닌 것 같은데 말이다.

자기답게 살라고 말하면서 타인의 스케줄 표를 들이밀 때 나는 어떻게 하는 게 좋을까?

조금은 시크해지기. 피식 웃어주기.

니체의 말처럼 더 이상 사랑할 수 없는 곳에서는 웃으며 지나가야 한다. 웃음이 경멸이 되어서는 안 되겠지만 말이 통하지 않을 때는 나를 보호하기 위해 웃음이라는 가면도 때론 필요한 듯하다.

나다움이라는 단어로 그럴싸하게 포장한 채 다시금 경쟁을 요구하는 사람들을 경계한다.

세상은 달리기 경주가 아니고, 서로의 속도로 거닐며 누리는 산책이다.

산책은 즐거워야 하고, 무엇보다 나다워야 한다.

내 인생의 서판에는 아무것도 쓰여지지 않았다.
텅 빈 서판에 무엇을 쓸 것인가보다 중요한 건 쓰면서 즐거운가다.

낮에 꿈꾸는 사람

기다림이 전혀 지루하지 않은 사람도 있다.

친구들이 늦어서 미안하다지만, 아무렇지 않다.

기다리는 시간에 할 수 있는 일도 많고 하고 싶은 것도 많다.

책 읽기, 음악 듣기, 끄적거리기….

기다림이 지루하지 않은 것은 하고 싶은 일이 있기 때문이다.

혼자라도 외롭지 않은 이유는 원하고 바라는 바가 있기 때문이다.

사람을 죽이는 건 고독이 아니다. 외로움이다.

외로움은 원치 않은 홀로 됨이다.

혼자 된 순간, 떠올리고 싶지 않은 생각들이 자신을 잠식하면
그게 외로움이다.

반면 고독은 자발적인 홀로 됨이다.
혼자 된 순간, 하고 싶었던 일이 떠오르면
그게 고독이다.

자기 목적이 있느냐 없느냐.
외로움과 고독의 갈림길이다.

자발적으로 홀로 됨을 선택했다면 하고 싶은 게 있기 때문.
목적이 있으므로 기꺼이 홀로 된다.

외로움을 이기는 단순한 방법은 목표를 갖는 것이다.
목표가 있으면 홀로 됨이 반갑다.

보통은 밤에 꿈을 꾸지만
어떤 이는 낮에도 꿈을 꾼다.
이런 사람은 아주 위험하다.
자기 꿈을 이루고 마는 사람이니까.

목표가 있는 사람은 외롭지 않다.

단지 고독할 뿐이다.

내게도 목표가 있다.

나답게 한판 살아보는 것.

내 세계를 완성하는 것.

낚시하는 사람은 외롭지 않다.
그는 목표를 가졌다.

몽환적인 사람으로 남을 것

"환상과 헤어지지 마라. 환상이 사라지면, 그대는 여전히 존재할지라도 살아가는 것을 멈춘 것이니."

_ 마크 트웨인

몽환적인 사람이 좋다.

가슴에 환상을 품지 못한 사람은 상상력과 감성이 빈약한 사람이다.

한마디로 노잼이다.

사실보다 환상이 필요할 때가 있다.

경험보다 몽상이 중요할 때가 있다.

현실과 숫자에 매몰되어 있는 사람은 돈 버는 삶에는 적합해도 풍요로운 삶에는 부적합하다.

물질적 풍요도 필요하지만 환상과 몽환이 없으면 삶에 향기가 없다.

돈키호테를 좋아하는 이유 역시 그의 몽환성 때문이다.

현실 너머를 보는 그는 풍차를 괴물로 생각하고 돌진한다.

수도사들을 악마로 여기며 공격한다.

돌아오는 것은 만신창이 몸이지만, 그에겐 영광의 상처다.

돈키호테를 소설의 주인공쯤으로 단순하게 치부하는 자는

그의 매력을 모르는 자다.

이룰 수 없는 꿈을 향해 달려가는 그 무모한 상상력,

몽환이야말로 그가 가진 진짜 힘이다.

몽환이 없는 세계는 어떤 모습일까?

눈 먼 자들의 욕망이 뒤섞이며

나보다 더 가진 자를 못 견뎌 하며

나보다 못 가진 자를 경멸한다.

살아남은 자가 강한 자라는 원시적 사고에 사로잡혀

뒤따라 오르는 이들의 손등을 발로 콱콱 밟는다.

환상이 없는 이런 삶을 어떻게 견뎌야 하는지 나는 모르겠다.

몽상은 허무하고 척박한 현실의 오아시스다.

현실과 꿈을 구분할 수 없는 몽환성.

몽환으로 자기만의 세계를 사는 돈키호테.

이길 수 없는 적과 싸우고, 참을 수 없는 고통을 견디며, 잡을 수 없는 밤하늘의 별을 잡는

그가 좋다.

어벤저스를 좋아한다면,

마블과 DC를 안다면,

당신도 환상을 품고 사는 사람이다.

그렇다면 좋다.

아침에 눈 떴을 때,

오늘 어떤 환상이 펼쳐질까 가슴이 부풀며 이불을 박찰 수 있는 사람이 되자.

환상을 보는 사람이 없다면 눈이 먼 사람들은 모두 죽고 말 것이다.

_ 루미

아무 일 없이 존재하기

가끔이다.

누가 나를 좀 불러내 줬으면 좋겠다.

그런 생각이 든다.

같이 놀 사람이 없을까 ….

친구 목록을 스캔한다.

그런데,

누가 나를 따분하게 만들었지?

언제부턴가

내가 나를 지겨워한다.

내가 나를 힘들어한다.

일이 있으면 나를 잊겠는데

일이 없으니 나를 숨길 수 없다.

그 정도로 나는 나약하다

혼자를 견딜 수 있는 사람

아니,

혼자를 즐길 줄 아는 사람

그가

강한 사람이다.

> 화요일
>
> 아무 일도 없다. 존재했다.

_ 사르트르, 〈구토〉

혼자 있다는 건 나로 존재한다는 것이다.
나로 존재할 수 있는 힘, 고독력!

세상과 맞서는 방법

군중 앞에 서기란 왜 그리 부끄러운 일일까?

칠판 앞에만 서면 눈앞이 새하얘지고, 발표라도 할라치면 목소리가 부들부들 떨렸다.

방법은 피하기.

말하기를 피하고, 눈 마주침을 피하고, 발표를 피하고, 사람과 세상을 피했다.

다자이 오사무가 쓴 〈인간실격〉에서 내 모습을 발견한다.

사람이 두려웠던 주인공 요조는 익살이라는 가면 뒤에 숨었다.

사람이 두려웠지만 그래도 사람과 떨어질 수 없었던 요조는 등에 업힌 아기가 엄마 목을 끌어안듯 손아귀에 힘을 준다.

남을 웃기자!

진땀나는 삶을 견디기 위해 택한 방법치곤 대단히 모순적이다. 익살이라니.

요조와 나는 공통점이 있다. 자의식 과잉이다.

자의식의 농도가 옅어지면 남이 있건 없건 부끄러운 줄 모르고 행동하지만

자의식의 농도가 짙어지면 남이 없는 자리에서도 눈치를 보게 된다.

눈치 보는 게 습관이 되면 마음 안에 '타인'이라는 거대한 눈이 생긴다.

타인은 더 이상 실체가 아니라 마음을 감시하는 간수가 된다.

요조는 이 감시자의 시선에서 벗어나고 싶었다.

군중이라는 옷을 입고 있는 이 감시자를 한 명의 개인으로 보자!

세상이 개인이라면 개인의 의견쯤은 간단히 무시할 수도 있으니까.

세상을 개인이라고 생각하는 게 인지 왜곡처럼 보일지 모르지만

반대로 자의식 과잉이 만들어낸 마음의 그림자를 세상이라고 부

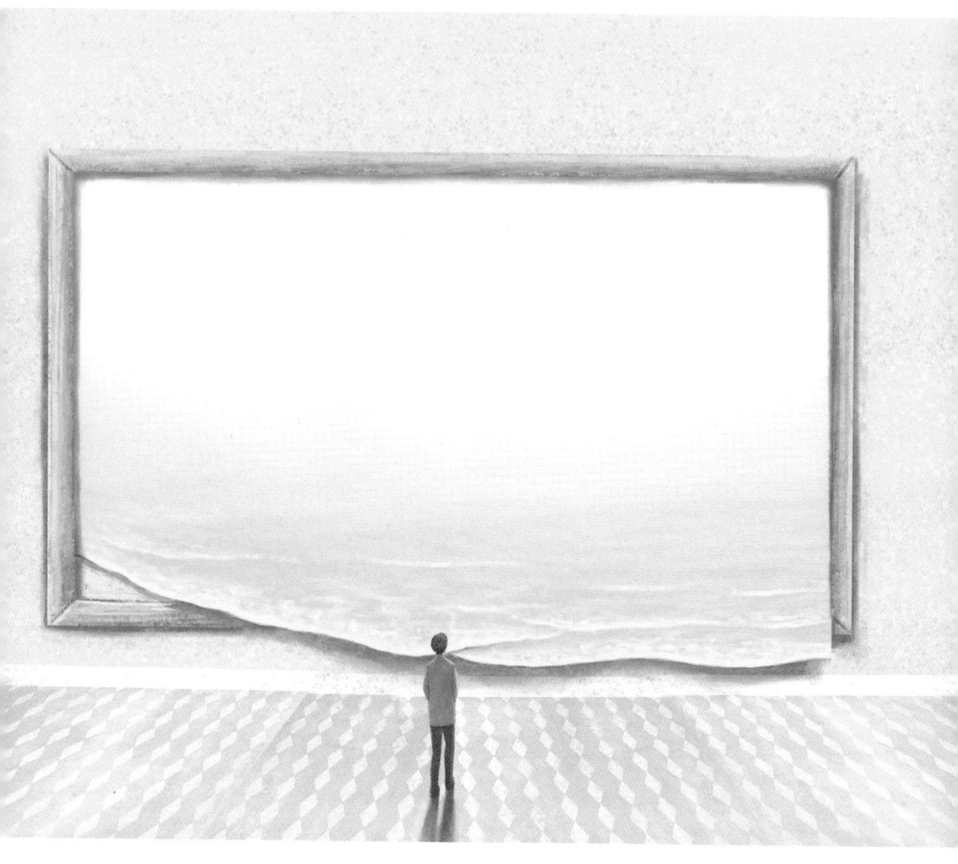

르는 것이

오히려 더 인지 왜곡이다.

불을 켜면 그림자는 사라진다.

세상을 개인으로 생각할 것.
세상과 맞서는 방법이다.

방법은 알려주고, 해주지는 않는다

부탁을 자주 해오는 동료가 있다.

컴퓨터 바탕화면을 바꾸는 사소한 일도 사람을 부른다.

"내가 컴맹이라서…."

문제는 컴퓨터만 그런 게 아니라는 거다.

짐을 정리하고, 게시판을 수정하고, 우편을 보내는 작은 일도 남의 손을 빌린다.

이런 사람들의 특징.

도와줄 것 같은 착한 사람을 잘 고른다.

말로만 고맙다 한다.

점점 어렵고 힘든 일을 부탁한다.

다른 사람을 돕는 일은 선하고 좋은 일이다.

이렇게 아름다운 일도 반복하다 보면 호구가 된 것 같아 기분이 더럽다.

착한 사람이 개고생하는 현실.

그 드라마 주인공이 바로 나다.

어떻게 해야 할까?

도움에 선을 그어야 한다.

일종의 원칙 같은 거다.

'방법은 알려주되 직접 해주지는 않는다.'

나의 도움선 원칙이다.

나름 유용했다.

상대가 도와달라고 하면 '이렇게 하면 됩니다'라고 말로 알려준다.

직접 해주지는 않는다.

물론 어쩔 수 없어서, 답답해서 직접 하는 경우도 있다.

그럴 때는 '이번에는 제가 도와드리는데 다음에는 직접 하셔야 합니다'라고 못을 막는다.

다음번에 비슷한 요구를 또 해오면 이렇게 말한다.

"죄송합니다. 지난번에 방법을 알려드리면서 직접 하시라고 말씀드렸습니다."

"저도 지금 하는 일이 있어서 곤란합니다."

그 순간 상대는 나의 선을 느낀다.

미움 받을지 모른다는 걱정은 접어두자.

마키아벨리의 말처럼,

"미덕으로 보이는 일을 하는 것이 자신의 파멸을 초래할 수 있고, 악덕으로 보이는 일을 하는 것이 자신의 안전과 번영을 가져오는 경우가 있다."

계속 도와주다가 한 번 안 도우면 미움 받고,

계속 안 돕다가 한 번 도우면 감동하는 것이 사람이다.

기대하지 않았던 사람의 호의는 성은이 망극한 법이다.

어디까지 돕는다는 선을 가질 것.
상대방이 그 선을 알게 할 것.

길을 묻지 않는 이유

추락과 상승, 두 길밖에 보이지 않았다.

상승은 극락이었고, 추락은 재앙이었다.

위로 올라가기 위해 기를 썼던 이유이기도 했다.

위로 오르려 할수록 괴로움이 컸다.

뜻대로 되지 않아 힘들기도 했지만, 다른 사람을 딛고 올라가야 하는 것이 더 괴로웠다.

이겨도 기쁘지 않았다.

심지어 내가 미워졌다.

이렇게까지 하면서 이겨야 하는 이유가 있을까?

길을 모를 때는 물어보라고 한다.

내 생각은 좀 다르다.

길은 물어볼 필요가 없다.

그들도 모르기 때문이다.

다수의 편견을 당연하게 받아들이고, 그것이 자기 생각인 양 믿는 사람들이 많다.

인생의 중요한 판단을 외주 줘 버렸다.

그렇게 길을 모르면서 아는 것으로 착각하며 간다.

남에게 길을 묻고 그것이 옳다고 완전히 믿어버린다.

길을 가는데 사람들이 많다면, 길을 잘못 든 것이다.

길을 가는데 장애물이 없다면, 머지않아 그렇고 그런 곳에 도달해 있을 것이다.

이제 안다. 그들이 모른다는 걸.

그들은 다른 사람들에게 묻지만 난 내게 묻는다.

길을 묻지 말자. 그들도 길을 모른다.
내가 가야 할 길은 나만이 안다.

친절하되 비굴하지 말자

타인을 친절하게 대하면 좋은 사람이 된 듯한 기분이 든다.

지하철 자리만 양보해도 출근길이 행복하다.

친절은 기분 좋은 것이다.

친절이 지나치면 비굴이 된다.

특히 힘 있는 사람, 돈 있는 사람, 영향력 있는 사람 앞에서 자동 비굴모드가 되기 쉽다.

싫은 소리 듣고 싶지 않다, 괴로운 하루를 만들고 싶지 않다, 좋은 사람으로 인정받고 싶다는 마음이 비굴모드 버튼을 누르게 한다.

친절과 비굴 사이에는 선이 있다.

선을 잘 살펴야 한다.

상대를 기쁘게 해주려는 습관에 빠지면 안 된다.

남을 기쁘게 해주는 데서 희열을 찾는 것은 노예근성이다.

넘쳐서 기쁨을 나누는 것과 남을 기쁘게 해서 희열을 구걸하는 것은 다르다.

친구가 좋아서 잘 해주는 것과 친구에게 잘 해줘야 기분이 좋아지는 것은 다르다.

손님에게 지나치게 친절하면 감정 비굴.

절교가 두려워 싫은 만남을 유지하면 관계 비굴.

120%의 텐션을 직장에 쏟는 건 생존 비굴.

작가 코맥 매카시는 '겁쟁이가 가장 먼저 버리는 것은 자기 자신'이라고 했다.

두려움 앞에 비굴한 나를 내가 좋아할 리 없다.

자신이 좋아하는 사람이 되려면 비굴하지 않되 친절해야 한다.

친절하되, 비굴하지 마라. 지나치게 양보하면 자신에게 화가 난다.

나만의 규칙이 나답게 한다

그리스 신화의 주인공 오디세우스는 세이렌이 사는 협곡에 도달한다.

세이렌은 아름다운 노래로 뱃사람들을 유혹해 바다에 빠트려 죽이는 마녀들이다.

정보를 미리 입수한 우리의 오디세우스는 노를 젓는 부하들에게 귀를 막게 한다. 노래를 듣지 못하도록.

세이렌의 아름다운 노래를 듣고 싶었던 그는 자기 귀를 활짝 열어 둔다.

대신 자신의 몸을 돛대에 꽁꽁 묶어 바다에 뛰어들지 못하게 만든다.

덕분에 오디세우스는 세이렌의 유혹에도 살아남을 수 있었다.

기왕이면 유혹 자체를 막으면 좋겠지만 귀를 막고 사는 건 답이 아닌 것 같다. 오디세우스처럼 몸을 묶어둘 기둥이 필요하다.

더러운 직장 때려치우라는 유혹은 세이렌의 노래일지도 모른다.

전쟁 같은 직장을 나가면 지옥 같은 세상이 기다린다고 하지 않던가.

규율이나 규칙은 우리 몸을 묶어두는 귀찮은 속박이다.

그런데 그 귀찮은 속박이 우리를 보호한다.

아침에 출근하는 것, 그 귀찮음이 일상의 속력을 지켜준다.

딱딱한 회사 규정이 무엇을 하고 무엇을 하면 안 되는지 알려준다.

친구의 지적질은 느슨해진 마음이 만든 잘못을 돌아보게 한다.

불편한 규율과 규칙, 지적질은 세이렌의 유혹으로부터 나를 지켜주는 돛대다.

프리랜서의 삶을 살면서 가장 힘든 점은 규칙이 없다는 거다.

몇 시에 일어나고, 어떤 일을 할 것인지, 정해진 것이 없다.

무엇을 어떻게 하든 모두 내 마음이다.

누구는 이걸 자유라고 하지만, 자유는 부담이기도 하다.

제일 난감한 원고 청탁은 '알아서 써 주세요'다.

어떤 사람은 자유를 그리워하다 죽고, 또 어떤 사람은 자유에 지쳐 쓰러진다.

자유가 있는 사람도, 자유가 없는 사람도 규율만큼은 필요하다.

와신상담의 주인공 부차는 아버지를 죽인 월나라에 복수하기 위해 장작더미 위에서 잠을 잤는데 이것만으로는 부족했던 모양이다. 자주 지나는 문 앞에 병사를 세워두고 이렇게 외치게 했다.

"아버지의 원한을 잊지 마십시오."

몸을 괴롭히는 이유는, 정신이 깨어 있도록 만들기 위해서다.

아침부터 밤까지, 눈떴을 때부터 감을 때까지.

나를 지켜줄 나만의 규율을 갖자.

그 규율이 나를 지킨다.

나만의 루틴이 나를 나답게 한다.
나만의 규율이 나다움을 지킨다.

그래서 영웅이다

브루스 웨인은 배트맨의 삶에 회의적이다.

범죄자 소탕에 실패할지 모른다는 생각 때문은 아니다. 본래 합법적 폭력 집단인 경찰이 해야 할 일을, 불법적 폭력을 쓸 수밖에 없는 자신이 해야 한다는 사실이 내키지 않는다.

배트맨 조명이 뜨면 출동을 하겠지만 정의롭지 못하다는 생각은 떨치지 못한다.

배트맨의 고민이다.

에디 브록은 베놈과 갈등한다.

베놈은 인간의 뇌를 먹으려 하고, 에디는 그런 베놈을 설득하느라 힘겹다. 사람의 머리 대신 닭을 권해보지만, 그것도 한계가 있다.

악당을 먹어치우는 것으로 타협안을 제시하지만 미봉책임을 안다.

최강 히어로 슈퍼맨도 다르지 않다.

지구의 평화를 위해서 싸우지만 언제까지 이 짓을 해야 할까? 악과의 싸움은 끝이 없고, 고생스럽다. 지구인들은 도와줘도 고마운 줄 모르고, 심지어 그가 배신할까 의심한다. 생각 같아서는 다 집어치우고 싶지만 양심에 찔려 그러지도 못한다.

영웅은 싸우고 있다.

그들의 적은 악당이 아니다.

악당은 눈에 보이는 적일 뿐, 진짜 적은 자기 자신이다.

이 문제를 해결해줄 사람은 없다.

영웅도 잘 안다.

그들은 고민하고 흔들리고 갈등하면서도

앞으로 나아간다.

그래서 영웅이다.

치열하게 싸운 자는
적이 내 속에 있다는 것을 안다.
지긋지긋한 집구석

_ 시인 황지우

가까울수록 선을 지킨다

좋아하는 음악은 자주 듣기.

좋아하는 야구팀은 응원하기.

좋아하는 드라마는 본방 사수.

그럼, 좋아하는 사람은?

존중하기.

왜?

좋아하니까.

좋아한다는 건 아끼는 거다.

좋아하는 사람을 대하는 우리 모습은 어떨까?

좋아서 가까워지고 싶던 첫 느낌은 어디로 가고,

좋아한다며 귀찮게 굴고, 좋아한다며 길가의 돌멩이마냥 찬다.

대학시절 친한 선배가 있었다. 책도 좋아하고, 이야기도 잘 통하고, 배울 것이 많았다. 술집에서 진하게 한잔 걸친 다음날, 등굣길에 선배가 부른다.

"야! 어디 가?"

화살이 가슴에 꽂힌다. '야… 라니? 멀쩡한 이름 놔두고 야라니!'

대답도 없이 종종걸음으로 와버렸다. 그날 이후 사이가 서먹서먹해졌고, 좋았던 감정도 싹 사라졌다.

가까이 두고 싶은 그 마음에

좋아하는 들녘의 꽃을 똑 따서 집으로 돌아오지만

하루도 못 가서 시들어버리고 마는 게 꽃이요,

설사 열흘 넘도록 시들지 않더라도

매일 보면 좋아하던 그 마음이 시든다.

꽃과 나 사이의 선을 지킨다.

그게 존중이다.

존중하는 정도가 좋아하는 정도다.
오늘부터 좋아하는 만큼 존중하는 거다.

짖는 개를 만나면

"개는 모르는 것을 보면 짖는다."

_ 헤라클레이토스

모르는 것을 보면 짖는다는 건

면역세포들의 반응과 동일한 태도다.

친숙한 세계에 대해서는 아무 반응 없지만

나와 다른 사람이 눈앞에 나타나면 모조리 침입자라고 여기고 숨겨둔 무기를 꺼낸다.

정치 성향이 다르다고 욕하는 사람들을 우리는 알고 있다.

응원하는 스포츠팀이 다르다고 야유를 퍼붓는 사람들을 우리는 알고 있다.

좋아하는 아이돌이 다르다고 비방 댓글을 다는 사람들을 우리는 알고 있다.

그들은 짓는다.

취향과 선호의 세계에는 본디 우열이 없으나

자기 취향, 자기 선호가 그들의 것보다 우위에 있다고 믿는다.

아니, 우위 정도가 아니다.

내 것만이 옳고, 당신 것은 틀렸다.

나만이 정의다!

나답게 살겠다고 결심을 하면 조심할 것이 있다.

타인의 삶에 섣부르게 간섭하거나 충고를 하기 쉽다.

간섭이나 충고는 무시와 공격으로 쉽게 변질된다.

남을 이겨야 나답게 살 수 있을 것 같은 생각도 든다.

이런 태도는 오히려 나다운 삶을 방해한다.

나다움도 타인과 함께할 때 가치 있다.

혼자뿐이라면 나다운 것이 무슨 의미가 있을까.

헤라클레이토스가 살던 시절부터 개가 참 많았던 모양이다.

비슷한 시대를 살았던 공자도 화이불류(和而不流)를 말했다.

습성이 유사한 애들끼리 몰려다니지 말고(니들이 깡패냐?)

나와 달라도 같이 화목하게 지내라는 조언이다.

자기 생각대로 살되, 타인의 삶도 긍정하라는 뜻이다.

비틀즈도 화이불류의 정신을 알았던 모양이다.

Let it be.

낯선 것을 보면 잠시 지켜보자.

나는 개가 아니다.

마음에 들지 않아도 짖지 말자.
마음이 작아서 마음에 들지 않는 것이니 지금은 담담히 지켜보는 게 용기다.

세상의 카인들에게

"카인은 늠름한 젊은이였어. 카인 이야기는 사람들이 그를 무서워해서 그에게 이야기를 붙여놓은 거야. 그냥 하나의 소문이지."

_ 헤르만 헤세, 〈데미안〉

동생을 죽이고 달아난 카인 이야기는 사람들이 지어낸 이야기에 불과하다고, 데미안은 싱클레어에게 말한다.

카인이 깡패여서 무서웠던 건 아니고, 자기 색채가 강한 존재였기 때문이다.

개성을 드러낸 자는 사회에 위협이다. 그래서 나쁜 놈으로 만든다. 마음껏 미워할 수 있도록. 언제든 돌을 던질 수 있도록.

고대 그리스에는 패각추방이라는 독특한 제도가 있었다.

조개껍데기나 깨진 그릇에 이름을 적어서 최다 득표자를 추방하는 제도다.

독재를 막기 위한 정치적 장치로 알려져 있지만 때로는 힘을 가진 존재, 탁월함을 실현하려는 사람을 몰아내기 위한 수단으로 악용되었다.

무리에서 튀는 자를 경계하는 건 동서고금 막론하고 오랜 집단생활을 영위한 곳에서 공통적으로 발견되는 현상이다. 집단은 돌연변이를 극도로 혐오했는데 자기 머리로는 도저히 이해할 수 없었기 때문이다. 한마디로 겁먹은 거다.

위험한 존재에게 딱지를 붙이는 건 오늘날에도 여전하다.

왕따, 아웃사이더, 루저 딱지다.

나와 다른 개성을 가진 이들을 그렇게 부르고 무리에서 밀어낸다.

자기만의 개성을 가진, 자기 세계에 몰입한 특별한 존재인데도.

아마 당신도

무리와 개인의 경계에서 개성을 드러냄과 동시에 개성을 누르며 살아왔을 것이다.

모난 돌이 되지 않기 위해 목소리를 낮추고 눈동자를 내리 깔았을 것이다.

혼자인 밤에는 잠시 숨이 트이지만 낮에는 지하실에 숨은 유태인 처럼 입을 틀어막았을 것이다.

그렇다면
아마 당신도
오랜 사고의 결과로 얻은 도덕과 관습이 아니라
누군가의 주도권 아래 놓인 도덕과 관습을 거부하는 카인이다.
당신은 이 시대를 지배하는 이념들에 회의적이다.
당신은 성공을 말하는 사람들의 생각에 반대한다.
당신은 주류에서 벗어나 있으며,
당신은 홀로다.

신이 만나면 신을 죽이고
희망을 만나면 희망을 죽인다.

그가
나를 돌아이라고 부르든
시대착각이라고 부르든
돌연변이라고 부르든

개의치 않는다.

그래서 당신은 카인이다.

누군가를 두려워하면 그에게 나를 지배할 빌미를 주게 된다.

3장

높은 자아에 초점을 맞출 것

위험하다고?
잘하고 있는 거다

인간은 인정받기 위해서 투쟁한다.

헤겔은 인간의 자유와 의식이 인정투쟁의 산물이라고 생각했다.

한 부족이 다른 부족을 공격했다.

끝까지 싸운 사람은 죽었고 목숨이 아까워 항복한 사람은 노예가 되었다.

항복한 사람은 자유와 목숨을 맞바꾼 사람이다.

인간은 목숨을 건 싸움을 통해, 생명을 포기하겠다는 의지를 통해 더 높은 존재가 된다.

내가 자유롭지 못한 것은 소중한 것을 잃고 싶지 않기 때문이다.

내가 불안에 떠는 것은 원하는 것을 얻지 못할지도 모른다는 두려움 때문이다.

속박과 불안을 이겨내는 방법은 자기라는 집착을 버리는 것이다.

생명에 대한 집착만 내려놓으면 자유는 나의 것이다.

한나 아렌트의 말처럼 '생명에 대한 지나친 사랑은 자유에는 방해가 되며 동시에 노예성의 확실한 징표'이기도 하다.

인간이 만든 사회와 문명은 인간을 길들이는 시스템이다.

귀엽지만 야만적인 아기를 예측가능한 존재로 길들이기 위한 장치다.

사회화는 나다운 개성을 죽이면서 완성된다.

나다움은 필연적으로 문명에 대한 저항을 낳는다.

세상이 만든 도덕과 신념에 대항하는 것이 나를 찾는 사람들의 숙명이다.

산다는 건 언니와의 베개 싸움이 아니다.

세상은 수많은 위험과 시련이 널린 가시밭길이다.

이 가시밭길에서 누구보다 자기다운 삶을 주창했던 니체는 '위험하게 살 것'은 권한다.

나답게 산다는 건 사회의 안전망에서 벗어나려는 시도이기에 필연적으로 위험할 수밖에 없다.

이런 위험에 겁먹고 물러선다면 안전할지는 몰라도 나다운 삶은 멀어진다.

두렵지만 위험과 시련이 기다리는 삶의 현장에 뛰어드는 것이야말로 나다운 삶을 좇는 사람에게 필요한 태도다.

인생에서 좋은 일만 있었으면 좋겠다는 낭만적인 바람 대신 힘겹고 곤란한 일들도 피하지 않겠다는 의지가 필요하다.

삶은 구체적인 것이다.

현장에서 부딪히고 깎이고 무너지고 다시 일어서는 것을 거부한다면 나로 살아갈 수 없다.

빈약한 아이디어를 멋지게 포장한다고 대박 상품이 되지는 않는다.

자신을 괜찮은 사람으로 만들어야 포장을 해도 빛이 난다.

시궁창 같은 세상이지만 별을 보며 살고 싶은 열망이 남아 있다면 위험 앞에 당당하자.

까짓거 죽기밖에 더할까!

"위험을 생각한다면 너는 길을 잃을 것이다." _ 니체
위험하지 않으면 내 길이 아닐 수 있다.

베이스캠프 전략으로 시작한다

나심 니콜라스 탈레브의 〈안티프래질〉에는 프래질과 안티프래질이라는 두 개념이 등장한다.

프래질은 깨지기 쉽다는 뜻이고, 안티프래질은 반대의 의미다.

지나치게 보호를 받으며 자란 아이는 작은 일에도 쉽게 상처받는다. 프래질이다.

적당한 스트레스를 겪으며 자란 아이는 웬만한 일에는 흔들리지 않는다. 안티프래질이다.

이 두 개념을 극명하게 대비시킨 건 당연히 온실 속 화초가 예측불가능한 환경에서 생존력이 떨어진다는 얘기를 하고 싶은 것이리라.

안티프래질은 어떻게 획득될까?

온실 속 화초가 문제라면 반대로 하면 어떨까? 하지만 면역력을 갖추지 않은 상태에서 미지의 바이러스에 냅다 몸을 맡기는 건 너무 위험이 크지 않을까?

안티프레질 시스템을 얻기 위해 고안된 것이 바벨 전략이다.

바벨 전략은 극단적인 두 조합을 통해 불확실성을 제거하는 것이다.

공무원이라는 직업의 장점은 안전성이다.

문제는 퇴직 후에 할 수 있는 일이 많지 않다는 것.

가장 안전한 직업이 가장 위험한 직업이 될 수 있다.

바벨 전략을 활용한다면 안정적인 수입을 얻을 수 있는 직장을 갖고, 모험적인 일을 시도해볼 수 있다.

베이스캠프를 잘 확보해야 정상을 공략하는 데 유리하다.

여행을 다닐 수 있는 것은 편안한 방구석이 있기 때문이고,

아이들이 신나게 뛰놀 수 있는 것은 등 뒤의 엄마를 믿기 때문이고,

힘겨운 직장을 버틸 수 있는 건 퇴근 후 자기만의 저녁이 있음을 알기 때문이다.

나답게 살겠다고 삶의 방식을 일순간에 바꿀 수는 없는 일이다.

새사람이 되겠다고 자기를 죽이는 것은 위험하다.

자기 세계 구축에는 결단도 필요하지만 시간도 필요하다.

근거지부터 확보한다. 지금 현재 여기에. 내가 가진 자원과 사람과 힘을 바탕에 깐다.

그걸 믿고 작은 일부터 시도한다.

성급하면 망친다. 로또 복권처럼 한 번에 끝낼 수 있는 것이 아니다.

작은 것부터 하나씩 하나씩 점령해가며 자기 세계를 넓혀야 한다.

크고 작은 일들을 시도하다 보면 어느새 자신이 만든 세계가 넓어지고 탄탄해졌음을 알게 된다.

그때까지 방심하지 말고 한 번에 하나씩 베이스캠프를 구축해 가는 거다.

처음부터 자기 세계를 가진 사람은 없다.
시간과 노력과 인내를 들여 자기 손으로 만들어가는 것이 진짜 자기 세계다.

두려움은 어떻게 사라지는가?

나다운 삶이 뭔지는 알겠는데, 막상 시작하려니 두렵다.

수입이 줄면 어쩌지? 커리어가 망가지면 어쩌지? 일거리가 없어지면 어쩌지? 인맥이 사라지면 어쩌지? 그 길이 아니라고 판명되었을 때 원래대로 돌아올 수 없으면 어쩌지?

우여곡절은 있었지만 장시간을 들인 끝에 지금의 자리에 도달했다. 더 높이 올라갔다면 좋았겠지만, 더 안전한 곳에 올랐다면 좋았겠지만, 안타깝게도 우리가 도달한 곳은 이젠 충분하다고 말할 만한 곳은 아니다.

그런데 갑자기 나다운 삶이라니? 나다운 삶을 택했을 때 생계 규모가 지금의 90% 수준을 유지할지, 아니면 반 토막이 날지 아무것도 장담하지 못하는 상황에서 갑자기 나다운 삶이라니?

나다운 삶을 막연히 그리던 시절에는 이런 고민이 없었다. 그런데 지금은 거대한 벽이 땅 속에서 솟구쳐 나와 하늘을 가린 것처럼 막막하고 두렵다.

그래서

나다운 삶에 조건을 건다. 남다른 수준의 경제력이 있기를 바라게 된다.

이 조건이 달성되지 못하면 나다운 삶을 실행할 수 없다고 생각한다!

그럴 때 체 게바라를 소환한다.

우리와 다른, 용기 있고 멋진 체 게바라가 아니라

우리와 같은, 두려움에 사로잡힌 체 게바라를 소환한다.

조금 더 쉽게 하자면 '체 게바라'라는 이름을 지우고 그 자리에 자기 이름을 넣어 보는 거다.

그는 이렇게 고백한다.

"두려웠다, 모터사이클이 나를 얼마나 안전하게 데리고 가줄지."

표현은 다르지만 고민은 같다. 이 길이 아닌 것 같을 때는 어떡하지?

이어지는 그의 고백에서 유추해 보면 그는 두려움이 사라진 상태까지 기다린 것이 아니다. 조건을 걸고 그게 충족되면 떠나겠다고 마음을 먹은 게 아니라 두려움을 안은 채 그의 길을 걸었다.

두려움이란, 단지 벌벌 떠는 그런 것을 의미하는 게 아니라 알 수 없는 내일을 생각할 때 갖게 되는 감정을 총칭하는 단어이기 때문이다. 미경험, 미답의 상태에서 내일의 여정을 눈앞에 둔 사람이 갖는 감정이 곧 '두려움'이다.

두려움을 없애는 방법은 단 한 가지다. 미래를 과거로 만드는 것, 즉 경험뿐이다.

"마음속에 생긴 두려움을 없애는 유일한 방법은 현실과 부딪힘으로써 그 두려움을 날려버리는 것뿐이다."

내일 수술실에 들어간다. 두렵다.

어제 수술실에 들어갔다. 두려웠지만 잘 끝났다니 마음이 조금은 놓인다.

1년 전 수술실에 들어갔었다. 생각해 보면 좀 무서웠던 것 같다.

수술실에 들어갔던 게 5년 전이었던 것 같다. 그때 참 대단했었다.

두려움의 유일한 치료제는 경험이다. 부딪치면 사라진다. 바닥으로 떨어지면 죽도록 아플 거야, 하는 마음이었는데 실제로 떨어져 보니 별거 아니더라.

“두려움은 실제로 먼지투성이 땅바닥에 내동댕이쳐지고 나서야 사라졌다…. 이제 더 이상 두려움이 없는 단계까지 다다랐을 때, 나는 타이어가 못쓰게 되었어도 자신감에 차 있었다.”

미래는 언제나 두렵다.

돈이 있어도, 지위가 높아도, 사람들 사이에 있어도, 두려움은 사라지지 않는다.

심지어 성공도 두렵다.

여행 도중 체 게바라는 모터사이클이 고장 나고, 빈털터리가 된다.

가진 건 다 잃었지만 잃어버린 이 상태가 생각처럼 나쁘지는 않다.

그렇게 두려움은 모터사이클과 함께 사라진다.

나다움을 잠식하는 두려움을 극복하는 힘, 그것은 행동이다.

두려운 마음이 든다면 마음에게 사로잡혔기 때문이다.

마음을 뚫고 밖으로 나오면 두려움은 사라진다.

가진 것은 없지만 무엇인가 하고 있다는 속도감이 두려움을 밀어낸다.

두려움은 게으른 자에게 깃드는 질병이다.

인생은 자전거를 타는 것과 비슷하다. 중심을 잡으려면 움직여야 한다.

_아인슈타인

성급하게 고르지 말 것

혼자이길 못 견딜 때 나타나는 초기 증상이 외로움이다.

증상이 악화되면 부랴부랴 민간요법에 의존하게 된다. 손에 잡히는 대로 구멍을 메우려 한다.

친구를 찾는다. 이건 미봉책이다. 딱 맞는 마음의 조각이 아니다.

보다 강력한 마약을 찾는다. 연애다. 이걸로 외로움 완전 치료!

외로움 달래기용으로 사랑이라는 미약을 마신 것이라면 부작용에 주의해야 한다.

사랑은 일시적으로 외로움 증상을 완화시키지만, 본래 외로움 치료제로 시판된 게 아니다.

큰 상처라는 후유증을 남기고, 무엇보다 외로운 진짜 이유를 못 찾도록 사태를 혼란스럽게 만든다.

자동차를 산다더니 1년 뒤에 계약한 사람이 있었다. 왜 그렇게 뜸을 들였냐고 물었더니, 나에게 맞는 차인지 알아보느라 그랬단다.

차도 그런데 인생은 왜 그럴까? 당장 큰돈이 나가는 일이 아니라서 그럴까? 조급증을 못 이기고 부랴부랴 선택했다가 후회하는 인생을 수도 없이 보았다.

재미없는 전공, 맞지 않는 커리어, 어울리지 않은 관계는 삶의 질을 급격히 떨어뜨린다.

어쩌면 우리가 직면한 문제의 대부분이 이 때문인지 모른다.

웅덩이에 반지를 빠뜨렸다. 잔잔한 물이라 저 아래 가라앉은 반지가 선명히 보인다.

그럴 때 우리 손길은 조심스러워진다. 성급하게 손을 놀렸다가 먼지라도 일면 시야가 흐려져서 반지 회수 작전이 실패할 수 있다. 설령 부주의하게 흙바닥을 건드렸더라도 웅덩이를 휘저은 게 아니면 아직은 손 감각으로 더듬어 찾을 수 있다.

급할수록, 외로울수록, 힘들수록 손을 조심스레 써야 한다.

조급증은 시간을 말하는 게 아닐 수 있다. 내 마음 살피기가 귀찮아서 그냥 되는 대로 손을 휘젓고 싶은 것일지 모른다.

운이 좋으면 반지가 손가락 끝에 걸리겠지만 대개는 높은 확률로 흙먼지만 일으킨다.

시간이 지나면서 우리는 왜 웅덩이에 손을 넣었는지도 모른 채 분노에 차서 그저 휘적거리기만 한다.

급할수록, 외로울수록, 힘겨울수록 시간을 두고 지켜보자.

앞뒤를 살피고 주변을 둘러보자.

자신에게 선택의 기회를 넓혀주자.

나다운 삶을 위해.

성급한 선택의 반대말은 느긋한 선택이 아니라 편한 선택이다.

우물쭈물하다가 내 이럴 줄 알았지

하루는 알파벳 ABCD … 를 놓고 만지작거리던 사르트르는 무슨 장난기가 발동했는지 B와 D 사이에 숨은 C를 바라보다 이렇게 말했다.

"인생은 B와 D 사이의 C다."

이 말장난에서 C는 choice가 되고, B는 birth이며, D는 death가 된다.

햄릿의 유명 대사를 패러디한 듯한 이 말은 그러므로 '사느냐 죽느냐 그것이 문제다'라는 햄릿의 망설임과 고뇌를 비판하고, 바로 액션에 나설 것을 주문하는 얘기겠다. 어쩌면 속으로 이렇게 생각했을지도 모른다.

'햄릿, 그렇게 고민만 하다 늙어 죽겠다. 운명이 너를 강물에 던지기 전에 네가 어느 강물에 뛰어들지 먼저 선택하면 좋지 않겠니? 응? 내 안에 살고 있는 햄릿아!'

직장을 그만두겠다고 결심하고 사표를 쓰기까지 2년이 걸렸다. 그 2년 동안 고민이 많았다. 잘할 수 있을까? 생계유지는 가능할까? 내 선택이 옳은 걸까? 생각이 많으니 회사일이 손에 잡히지 않았다. 그렇다고 새로 도전할 일에 매진한 것도 아니었다. 점점 머리만 무거워졌다.

그때 알게 된 게 있다.

고민은 어떤 일을 시작했기 때문에 생기는 것이 아니라 망설이는 데서 생긴다는 거다. 실행하고 움직이는 사람은 고민하지 않는다. 하는 일에 집중하기 때문에 고민이 파고들 여유가 없다. 하던 일이 막히는 순간에는 잠시 고민을 허용하겠지만 또 움직이기 때문에 금방 사라진다.

망설임이란 주도권을 쥘 생각이 없는 태도를 의미한다.

선택을 해야 하는 상황에서 다른 사람에게, 주변의 상황에, 자신을 맡겨버리고 선택을 미루는 행위가 망설임이다.

병원에 갈지 말지 망설이는 건 병에게 선택권을 넘겨주는 것과 같다. 은근히 단순 건강염려증이길, 혹은 자연치유가 되길 빌지만 소망과 달리 질병이 몽니를 놓으면 이번엔 앰뷸런스 행이다.

재능 있는 사람이 무능해지는 이유도 그 재능의 주인이 자기가 아니라는 듯이 행동했기 때문이다. 남이 써주면 능력을 발휘하고, 남이 안 써주면 무능력해진다면 그야말로 내 인생이길 포기한 것이다.

망설이는 것보다 실패하는 것이 나은 이유다.

실행의 끝에 성공이 없을 수도 있다. 그래도 경험치는 남는다. 뭐라도 해야 경험치가 생긴다.

처음 사는 인생에서 경험치는 무시 못 할 자원이 된다. 인생을 어떻게 살아야 할지 모르겠다는 생각이 든다면 생각만 하고 있지 않은지 돌아봐야 한다.

뭐든 그냥 하는 거다.

하다 보면 '어떻게'가 보인다.

무도회를 기다리는 신데렐라의 삶을 살지 않겠다.
이렇게 결심하고 행동하다 보면 어떻게 해야 할지 알게 된다.

좋아하는 일로 밥벌이를 한다면

세상을 모르던 어린 날에는
사랑하는 나의 일을 하며 살고 싶었다.
눈가에 수분이 말라가던 어른의 날에는
영수증과 함께 좋아하는 일을 구겨서 버렸다.

어른의 마음에 어린 아이가 찾아온 어느 날
한 가지 궁금증이 떠올랐다.
좋아하는 걸 하면서 사는 게 좋을까?
잘하는 걸 하며 사는 게 맞을까?

살다 보니, 나를 비롯한 많은 어른들은

타고난 재능이 없으면 아무리 사랑해도 잘하기 어렵다는 생각에 수긍한다.

그래서 생긴 말일까?

좋아하는 것을 잘하는 게 아니라 잘하는 것을 좋아하게 된다는, 무슨 주술적인 격언.

아직 설익은 나이였을 때는 고개 저으며 부정하고픈 말이지만,

어쩌면 이 말을 받아들이며 폭삭 익어버린 건지도 모른다.

좋아하는데 재능까지 있다면, 그건 나에게는 절대 주어지지 않는 엄청난 행운이리라.

길 가다 만나는 수많은 사람들은, 하고 싶은 것과 타고난 것 사이에는 만유인력으로도 좁힐 수 없는 거리가 있다고 믿는다.

어른들의 격언처럼, 잘하는 걸 사랑할 수 있도록 노력하며 사는 게 답일까?

작가가 된 후, 사람들은 나를 부러운 눈으로 본다.

좋아하는 일을 하면서 사는 것처럼 보이니까.

그들이 모르는 게 있다.

좋아하는 것이 직업이 되면, 일이 되어 버린다는 거.

책 좋아했는데 직업이 되니 읽기가 일이 되었다.

글쓰기가 재미있었는데 작가가 되니 노동이 되었다.

그렇게 재미와 취미를 잃고, 일과 노동을 얻었다.

어른과 아이가 마주 앉은 어느 날,

얻을 수 있는 최고의 지혜를 구해본다.

좋아하는 것이 있다면, 그것대로 남겨 두는 게 나을지도….

둘 사이에서 고민이라면

잘하는 일을 열심히 하라고 권하고 싶다.

잘해서 자리를 잡는다. 그런 후 좋아하는 걸 연결한다.

책이 좋으면 읽은 걸 일에 적용해본다.

음악이 좋으면 프로젝트에 좋아하는 곡을 넣어본다.

여행이 좋다면 여행경험을 일에 담아본다.

잘하는 일과 좋아하는 일을 연결해보는 것.

그것만으로도 괜찮을 수 있다.

좋아하는 것이 직업이 되면 노동, 꿈이 이뤄지면 현실,
사랑이 성취되면 구속. 못 이뤘다고, 자책 말자.
좋아하는 대로, 꿈으로 놔두는 것도 좋다.

나를 견디는 방법

"한 사람이 무엇인가 때문에 절망했다면, 그는 실제로 자신에게 절망한 것이다."

_ 키르케고르

벼르던 입사시험에 떨어져 머리를 싸매고 있다면 그 절망은 능력이 부족한 자신을 향해 있다.

애타던 구애에 실패하여 눈물을 흘리고 있다면 그 절망은 못난 자신을 향해 있다.

실패를 경험한 순간, 덜컥 초라한 내가 눈앞에 나타난다.

왜 시험을 이따위로 낸 거야!

네가 얼마나 잘났는지 보자!

말로는 이렇게 외치지만 한없이 작아진 내 모습을 도저히 피할 길 없다.

절망은 내가 나를 못 견디는 것이다.

보통 이런 식이다. 절망으로부터 스스로 걸어 나올 힘이 없다.

술을 마시고, 친구들과 떠들고, 한없이 가벼운 예능을 보고, 몸을 혹사시키며 이 순간을 모면하려고 한다.

생각처럼 탈출에 성공하는 경우는 거의 없어서 다시 비슷한 일이 닥치면 같은 일들이 데칼코마니처럼, 데자뷔처럼, 윤회처럼 되풀이 된다. 절망과 발버둥의 순환 시스템이다.

시험에 떨어졌다는 것이 내가 나를 쓸모없는 인간으로 여기는 이유가 될 수 있을까?

사랑을 거절당했다는 것이 살아갈 가치가 없는 인간으로 전락할 이유가 될 수 있을까?

이 정도로 자존감이 형편없이 추락한 이유는 무엇일까?

자기를 견딜 수 없는 사람은 다른 사람의 인정을 받으려 한다.

쓸모 있는 인간, 사랑받을 수 있는 인간임을 확인받고 싶어한다.

인정과 확인 없이는 견딜 수 없을 만큼 나약해졌다.

시험에 떨어지거나, 거절당하거나, 강제 퇴직이라도 당하면 덜컥 자기가 닥쳐온다.

쓸모없는 내가 내 앞에 던져진다.

그때 어떻게 자기를 견딜까?

나를 견디는 가장 확실한 방법은 괜찮은 사람이 되는 것이다.

괜찮은 사람이 되려면 자기 확신이 필요하다.

자기 확신을 가지려면 자기답게 살아야 한다.

자기답게 살려면 '답게'의 기준이 필요하다.

어떤 선택에 마음이 편한지, 어느 정도면 만족하는지, 어떤 사람이 좋은지 알아야 한다.

그 기준은 자주 변하기 때문에 한번 알았다고 해서 끝나지 않는다.

상황과 대상에 따라 달라질 수 있음을 열어두고 감을 잡아야 한다.

그렇게 자기 기준이 어느 정도 잡히면 외부에서 오는 충격에도 견딜 수 있는 힘이 생긴다.

나무를 자르면 나무는 큰 충격을 받는다. 하지만 그것으로 나무의 삶이 끝나는 건 아니다.

잘린 부분에서 작은 새싹이 돋아난다.

시험에 떨어지고, 강제 퇴직을 당해도 삶은 끝나지 않는다.

마음에 돋아난 새싹으로 작은 일이 시작된다.

충격은, 내면의 강인함을 만나고 나로 존재해도 괜찮다는 것을 확인하는 기회이다.

그렇게 충격을 견디면서 알게 된다.

시험에 떨어져도, 연인에게 차여도 괜찮다는 걸.

조금 다치고 아프지만, 그것도 삶의 일부, 나의 일부라는 걸.

나는 나에게 자주 실망한다.
실망하는 나는 실망시킨 나보다 강하다.

남의 깃털로 나 꾸미기

누구나 자기다운 얼굴을 가지고 있지만 잘 드러나지 않는다.

왜 그럴까? 일부러 숨기는 경우도 있겠지만 대개는 드러날 만큼 다듬어지지 못했기 때문이다.

바위 안에 숨은 내 모습을 발굴하겠다는 조각가의 의지가 피어날 때

나다운 얼굴이 드러난다.

나다움을 찾는 가장 쉬운 조각 기술로 꼽히는 게 있다.

독서다.

보통 독서는 '내면 가꾸기', '지식과 교양 기르기', '인식의 지평 넓

히기' 등의 효과를 가진 것으로 알려졌다.

'나다움 찾기'의 입장에서 독서라는 행위를 들여다보면 독서는 나다움과는 동떨어진 것처럼 보인다.

대개 독서란, 이솝 우화에 등장하는 까마귀처럼 남의 깃털을 훔쳐서 자기 것으로 삼는 과정과 같다.

남이 발견한 지식을 내 머릿속에 집어넣고, 남의 시선을 가져다가 내 눈으로 바꿔 세상을 본다. 아, 소크라테스는 사람을 이렇게 보았구나, 나도 그렇게 보려고 해본다. 아, 니체는 세상을 이렇게 이해했구나, 나도 그렇게 이해하려고 노력해 본다. 헤밍웨이의 감촉과, 보들레르의 숨결, 마르크스의 시선으로 나도 세상을 그렇게 느끼려고 해본다.

이렇게 본다면, 독서란 이율배반적으로 나 찾기가 아닌 남 찾기다. 나 버리고 남 되기다.

그런데도 독서를 해야 할까? 나의 내면을 남의 것으로 가득 채우는 게 과연 진정한 나 찾기가 될까?

누가 논리 정연하게 딴지를 걸어온다면, 내 대답은 '그 모순이 맞다'다.

남의 것으로 나를 채우는 것이 나답게를 찾아가는 첫걸음이니까.

많은 경우 독서를 시작하는 이유는 마음의 공허함 때문이다. 지식이 모자란 것 같다. 교양이 부족한 것 같다. 사람이 좀 덜 된 것 같다. 나잇값을 못하는 것 같다. 그런 느낌 때문에 시작한다.

그렇게 남의 것으로 자기 것을 삼아서 자신감을 얻으려는 것이 독서다.

한 권 두 권 남의 것을 손에 넣었을 때는 요란한 빈 수레처럼 어디 가서 자랑질이다. 부러움의 시선을 느끼면서 어깨도 으쓱한다. 그런데 열 권 스무 권을 넘어 백 권 이백 권이 되면서 뭔가 느낌이 싸하다. 글쎄 뭐랄까, 이 책들이 공통적으로 뭔가를 이야기하는 것처럼 보인다. 글자 너머의 하얀 여백에 말풍선이 생기며 '자기 인생의 답은 자기 스스로 찾으세요.'라는 글자가 새겨진다. 옷 가게에 찾아갔더니 옷은 안 팔고, '당신이 직접 해 입으세요.'라는 답변처럼 말이다. 문득 안다. 아, 이 책들은 그 사람들이 발견한 자기다움이다. 이들은 마음속에 숨어 있던 자기 얼굴을 세상에 드러낸 조각가다.

그동안 이 책들이 내게 해준 일들이 무엇인지 깨닫는다. 진짜 나를 가리고 있던 가짜 나를 부셨구나. 때로는 망치로 때리고, 끌로 끊고, 톱으로 썰고, 사포로 문지르며 진짜 나를 덮고 있던 허위의 나를 털어낸다. '책은 도끼다'라는 카프카의 말은 이런 맥락에서 탄생한 것이다.

독서란 남의 것으로 나를 채우는 과정처럼 보이지만

실은 내면을 가리고 있는 그림자를 지우고 진짜 나를 드러내는 과정이다.

진정한 나를 찾고 싶다면 뭔가를 집어들고 읽기 시작하자.
읽다보면 나를 발견하게 된다.

최저점에서 사서 최고점에 파는 사람은 없다

삶은 비교의 연속이다.

키가 크다 작다.

머리 좋다 나쁘다.

돈이 있다 없다.

비교가 나쁜 건 아니지만, 자칫 질투심을 유발해서 나다운 삶을 망칠 수 있다는 점에서 조심해야 한다.

잘 나가던 연예인이 부러웠던 적이 있다.

예쁜데 머리까지 좋다. 남자도 잘 만나서 멋지게 결혼도 성공했다.

TV에 나오는 화려한 그녀의 집을 보면서 화가 났다.

그녀는 저렇게 잘 사는데, 나는 왜 이리 운이 없는지, 왜 이리 못났는지.

얼마 후 다정했던 부부가 헤어졌다는 이야기를 들었다. 여자는 우울증 치료를 받고 있다고 했다.

겉으로 보이는 것이 다가 아닌데, 화려한 모습 뒤에 어떤 어두운 면이 숨겨졌는지 아무도 모르는데도 눈에 보이는 모습으로만 판단해버린 것이다.

그날 이후 생각이 좀 달라졌다.

남과 나를 비교하는 건 남의 하이라이트씬과 나의 비하인드씬을 비교하는 것과 같다.

주식을 최저점에 사서 최고점에 파는 사람은 없는 데도 그래프만 보고 '남들은 저렇게 잘하는데'라고 생각해버린다.

금방 우울해지는 비결이다.

아무리 잘 나가도 힘겹고 어두운 면이 있다는 걸 기억해두자.

재벌은 재산분쟁으로 힘겹고, 잘 나가는 연예인은 악플 때문에 괴롭다.

지금의 나는 비하인드씬을 찍고 있을 뿐, 언젠가는 하이라이트씬을 보여주는 날이 올 거다.

이렇게 생각하면 어떨까.

남들과 비교하고 싶은 생각이 들 때 속삭이는 말.

'저 사람도 겉으로는 화려하지만, 안으로는 힘든 일이 많을 거야.'

남의 하이라이트씬과 나의 비하인드씬을 비교하지 말자.
최저점에 사서 최고점에 파는, 그런 투자가는 없다.

견디며 살 준비

"살기 싫다."

이런 말을 입에 달고 다니는 사람이 마스크 잘 쓰고, 손 잘 씻고, 비타민 꼭 챙겨 먹는다.

내가 그랬다.

사람은 쉽게 죽지 않는다.

죽고 싶다고 죽을 수 있는 것이 아니다.

죽는 방법 검색해 봐도 쉬운 게 하나도 없다.

게다가 네이버 알고리즘이 심리상담 받아보라며 귀찮게 군다.

죽는 것도 사는 것만큼 힘들다.

차라리 그냥 사는 게 낫다.

나이가 들어가면서 인생에도 무슨 약정 같은 게 있다는 걸 알게 된다.

몸은 비실비실해도 죽을병은 잘 안 걸린다.

렉 걸려 안 돌아가는 뇌와 깨진 액정 같은 육체를 약정 끝날 때까지 붙잡고 가야 한다.

그러니 쉽게 죽을 거라는 생각은 일찌감치 포기하자.

나이 들면서 알게 되는 게 겨우 이런 거지만,

이 정도라도 깨쳤다는 건

인생을 견딜 준비가 되었다는 뜻이리라.

견딜 수 있는 사람은 준비할 수 있고, 준비하는 사람은 견딜 수 있다.

새로 시작하기엔 늦었다는 생각이 들 때

"27살, 전문대 졸업. 공무원시험 준비하다 청춘을 보냄. 뭔가를 새로 시작하기에는 너무 늦은 나이. 어떻게 하죠?"

→ 스물일곱이 늦었다고? 지금 유치원 들어가도 마흔 전에 대학 가는데?

"30대 중반인데 뭔가 배워서 시작하기에는 늦었겠죠?"

→ 그 나이에 할 수 없는 거라곤 키즈 모델밖에 없어요.

"마흔 살, 애들 다 크고 이제 제 인생 찾으려고 합니다. 그런데 막상 뭔가 하려니 막막합니다. 괜찮을까요?"

→ 공무원시험 준비하셈. 제가 아는 분, 막내 중학교 보내고 공무원시험 준비해서 마흔여섯에 합격. 지금 잘 다니고 계심.

고갱이 붓을 들고 화가가 되기로 결심한 나이는 35세였다.

골다 메이어가 압도적인 지지로 이스라엘 수상이 된 건 71세였다.

미켈란젤로가 시스티나 성당의 벽화를 그린 건 71세였다.

찰리 채플린은 76세에 영화감독으로 일했다.

조지 버나드 쇼가 마지막 희곡을 발표했던 나이가 94세였다.

대학에 입학하자마자 공무원 준비한 친구는 서른이 넘도록 여전히 준비생이었다.

대학 졸업하고 급하게 준비한 친구는 명절도 없이 독서실에서 살다시피 하더니 1년 만에 합격했다.

똥줄이 당길 때 해야 된다.

일찍 시작하는 것은 중요하지 않다.

언제 어떤 마음이냐가 중요하다.

인생은 시간이 아니라 타이밍과 절박함의 문제다.

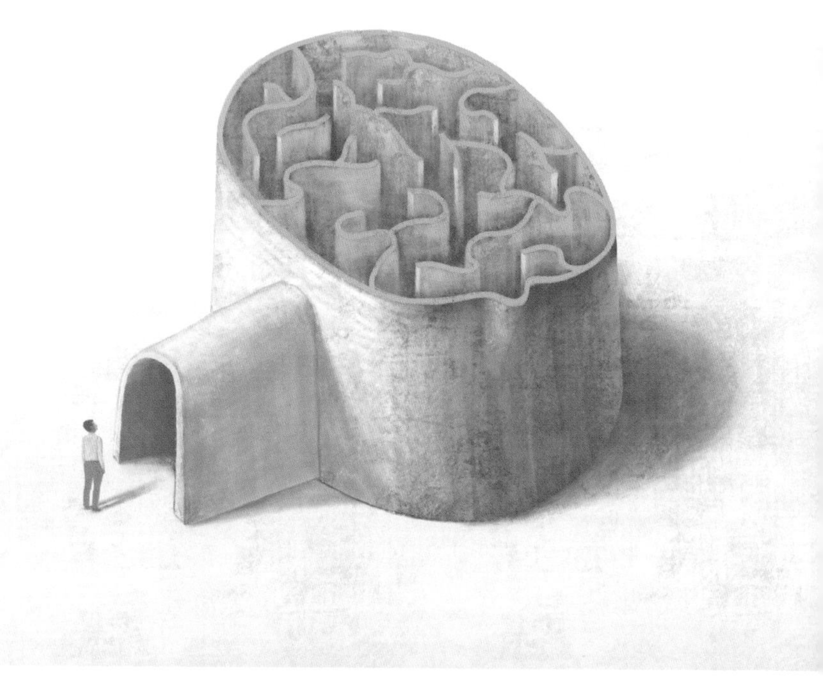

**빠르냐 늦느냐가 아니라 마음이 설레느냐, 위기의식이 있느냐,
여기에 답이 있다.**

텅 빈 일정표에서 발견한 것

프리랜서의 삶에서 가장 두려운 것, 텅 빈 일정표다.

일이 없다는 것만큼이나 프리랜서를 두렵게 만드는 것은 없다.

텅 빈 일정표는 인생이 추락할지 모른다는 불안을 야기한다.

내 삶은 그 불안을 잠재우기 위한 역사다.

프리랜서로 오랫동안 생활하면서 알게 된 사실이 있다.

일정표만 가득 차면 두려움과 불안이 사라질 것이라는 믿음이 실은 거짓이라는 것이다.

일정표가 꽉 차도 두려움은 사라지지 않았고, 새로운 불안이 주위를 맴돌았다.

우리는 두려움과 불안에서 벗어날 수 없는 운명을 타고 났다.

다행스러운 것은 이 불안이 내가 무엇을 두려워하는지, 그래서 어떤 선택을 하는 것이 바람직한지를 알 수 있는 실마리를 준다는 점이다.

가지고 싶은 것을 가지지 못할 것 같다는 생각이 들 때 불안해진다.

나다운 삶을 살고 싶은데 그렇지 못할 때 불안해진다.

불안은 내가 어떤 존재이고 어디로 나아가야 하는지를 알려준다.

불안의 근거를 잘 살피면 삶을 더 나은 방향으로 이끌 수 있다는 말이다.

어떤 때 불안한지, 왜 불안한지 알아보는 데 시간을 들일 필요가 있다.

텅 빈 일정표를 통해서 알게 된 것은 내가 정말로 두려워하는 것은 가난이 아니라는 것이다.

끼니는 어떻게든 해결할 수 있다.

문제는 인간답게, 자유롭게 살 수 있느냐였다.

일정표가 가득 차면 멋진 날이 올 것이라는 막연한 기대로 살아왔다.

시시포스의 바위처럼,

비워진 일정표를 다시금 채우는 일은, 끝도 없이 나를 불안의 쳇바퀴에 가두는 행위였다.

그렇게 수십, 수백 번의 쳇바퀴를 돌린 끝에

일정표는, 결코 내가 원하는 삶을 가져다주지 못한다는 걸 알았다.

그때부터 새 길을 찾아다녔다.

오랜 시간이 걸려 다다른 곳이 나답게였다.

나답게 일하고, 나답게 놀고, 나답게 살면 그것으로 되는 것이었다.

물론 일정표를 채우는 것도 필요하다. 그러자면 세상과 타협도 해야 한다.

그 타협을 나답게 하면 된다.

두려움과 불안에는 나다움을 발견할 수 있는 힌트가 숨어 있다.

텅 빈 일정표 뒤에 숨겨진 마음을 잘 살피자.

나다움이 드러날 수 있도록.

두려움과 불안은 나다움을 알려주는 신호다.
두려움 앞에 솔직해지면 내가 진정 무엇을 원하는지 알 수 있다.

음미할 수 있는 삶

바쁘게 사는 게 쉬울까, 느리게 사는 게 쉬울까.
느리게 사는 게 쉽다고 생각하겠지만, 그렇지 않다.
느리게 사는 게 쉽다면 왜 사람들이 바쁘게만 살까.
잡다한 일을 하면서 바빠 죽겠다고 소리치는 것이 훨씬 쉽다.

자기답게 사는 사람들은 바빠 죽겠다고 말하지 않는다.
자신의 일상을 통제하고 있기 때문에 바쁘게 느끼지 않는다.

좋은 것을 왜 빨리 해치우려 하겠는가.
좋은 것일수록 천천히 느리게 음미하고 누려야 한다.

사람들이 바쁘게 사는 건 나답지 않은 일을 하기 때문이다.
나답지 않은 일은 빨리 해치워야 한다.
잡다한 일을 빨리 해치워야 나다운 일을 할 수 있다고 생각한다.
직장인이 퇴근을 서두르는 이유다.

자기답게 사는 사람들은 시간과 평행으로 걷는다.
엘리베이터 문이 저절로 닫히길 기다리고
컵라면 뚜껑을 함부로 열지 않는다.
되지도 않는 속독법 대신 답답할 정도의 정독법을 택하고
한 달간의 유럽 일주보다 일주일간의 제주도 살이를 고른다.
시간이 허락하지 않으면 어쩔 수 없는 것이지
7부작 드라마를 1시간 요약본으로 때우지 않는다.
등장인물의 감정선을 느끼는 게 줄거리 파악보다 중요하고,
연출자가 깔아놓은 디테일한 복선을 찾는 게
오늘 내로 3부까지 다 봐야 한다는 압박감보다 소중하다.

나답게 산다는 건 좋아하는 삶을 사는 거다.
좋아하는 건 즐기고 누려야 한다.
즐기고 누리려면 천천히 느리게 가야 한다.
소크라테스는 말했다.

'음미할 수 없는 삶은 가치가 없다'고.

오늘도 천천히, 제대로 가자.

나답게 살려면 천천히 해야 한다.
나다움을 느끼고, 즐겨야 하니까.

높은 자아에 초점 맞추기

넷플릭스와 유튜브의 나쁜 점은
자기와 대면할 틈을 주지 않는다는 것이다.
넷플릭스와 유튜브의 좋은 점은
자기와 대면할 틈을 주지 않는다는 것이다.

혼자 살다 보면 자주 외로움이 찾아온다.
외로움은 피하려고 하면 더 외로워지는 경향이 있다.
이럴 때는 그냥 외로운 대로 놔둬야 한다.
그냥 놔두면 어느새 사라진다.
이런저런 상념들이 떠오르고, 때로는 예상하지 못했던 놀라운 생각에 이르기도 한다.

조용히 앉아 자신을 돌아보고 배워야 할 것과 고쳐야 할 것을 가려내는 것은 인생을 풍요롭게 하는 데 큰 도움을 준다.

혼자 있는 시간을 활용할 줄 안다는 건, 자기를 기쁘게 하는 것이 무엇인지 알고 괜찮은 사람이 될 수 있는 길을 찾을 수 있다는 거다.

혼자 있다 보면 그저 살아남기 위해서 얼마나 많은 시간과 에너지를 소모하고 있는지 발견하게 된다.

'이렇게 살아도 될까?', '미래가 괜찮을까?'

이런 걱정을 자주 했다.

이런 생각이 들 때면 어떻게든 돈이라도 많이 모아야 한다는 생각을 했다.

하지만 곧 '돈만 벌면서 살고 싶지는 않은데', '내가 원하는 삶을 살고 싶은데' 하는 생각에 이른다.

이럴 때는 내 안의 높은 자아에 초점을 맞춰야 한다.

> 모든 행위를 나에게 맡기고, 높은 자아에 너의 생각을 모으고, 욕망과 이기심에서 벗어나 흐트러지지 말고 나가 싸우라.
>
> _〈바가바드 기타〉

내 안에는 여러 개의 내가 있다.

이 중에 어떤 자아를 따를 것인지는 내가 무엇에 초점을 맞추느냐에 달려 있다.

낮은 자아는 결과를 계산하고 손익을 따진다.

손익계산은 중요하다. 하지만 여기에만 집착하면 감정이 복잡해지고 수많은 괴로움에 시달려야 한다.

잔머리 굴리는 사람일수록 걱정거리는 많아지는 법이다.

높은 자아는 마음의 소리에 따라 마땅히 해야 할 바를 행하라고 한다.

결과와 미래를 자신에게 맡기라고 한다.

높은 자아를 따를 때 좋은 점은 두려움이나 걱정이 사라진다는 것이다.

내가 해야 할 일을 마땅한 방식으로 했으니 어깨를 펴고 당당히 나아갈 수 있다.

마음이 괴로울 때 자기를 살펴보면 대부분 뭔가 이기적인 생각을 하고 있거나 잘못된 관념을 따르고 있는 경우가 많다.

자기 이익을 따지고 결과에 연연하기 때문에 괴로운 것이다.

높은 자아는 결과에 집착하는 대신 행동에 집중할 것을 요구한다.

덕분에 편해지고 당당해진다.

흔히 개인적 욕망으로 괴로울 때 내면의 소리에 귀 기울이라고 한다. 괴롭다는 건 방향을 잘못 잡았다는 암시다. 내면의 소리를 유심히 듣는다면 잘못된 방향을 바로잡을 수 있다. 방향이 제대로 잡히면 괴로움이나 갈등, 고민이 줄어든다.

시인이나 예술가들은 혼자 있는 시간을 자기 것으로 만들 줄 안다. 그들은 창의적이고 적극적이고 무엇보다 자기중심적이다. 자신을 기쁘게 하고 영혼을 고양시키고 창조적 활동에 에너지를 사용한다. 그들은 높은 자아에 초점을 맞출 줄 안다.

힘들고 괴롭다면 보다 높은 자아에 초점을 맞춰보자.
내 안에 나보다 나은 나가 있다.

나다움이 성공이다

나는 특별한 사람이 아니다.

그저 그런 능력으로 사는, 그저 그런 사람이다.

이런 생각으로 살아왔다.

평범한 보통 사람으로 돈벌이나 잘 됐으면 싶었다.

사는 게 별 거 없으니 남들처럼 살라는 부모님 말씀도 한몫했을 것이다.

남과 다르게 산다는 것에 대해 막연한 두려움도 있었다.

그러면서도 남들과 다른 나다운 삶을 살고 싶은 마음은 가슴 한 곳에 웅크려 틈을 노리고 있었다.

남들처럼 사는 것이 좋다는 생각과 나답게 살고 싶다는 마음이 충돌을 일으킬 때면 쉽게 자기 삶을 포기하곤 했다.

나는 특별한 사람이 아니라는 자기규정 탓이었다.

이런 생각은 성공한 사람들을 역할모델로 삼으면서 큰 영향을 받았다.

성공한 사람들은 사회가 요구하는 것을 충족시키는 데 탁월한 능력을 발휘한다.

머리가 좋고, 친구가 많고, 돈도 잘 번다.

저렇게 되어야겠다는 생각으로 그들의 모습을 따라 하다 보니 사회가 요구하는 것에 익숙해져 버렸다.

자기계발에 여러 차례 실패하면서 깨달은 건, 나답게 산다는 것이 성공한 사람들처럼 되는 것과는 거리가 멀다는 사실이었다.

성공한 사람들의 모습을 따르는 것은 오히려 나다운 삶과 반대되는 것일 수도 있다.

그렇게 사람을 보는 눈이 조금씩 변하기 시작했다.

성공해서 돈 잘 버는 사람과 자기답게 사는 사람이 구분되었다.

삶의 역할모델이 바뀐 것이다.

유명한 사람이 아닌 자기답게 사는 사람이 눈에 들어왔다.

역할모델이 바뀐다는 건 사람을 보는 기준이 달라졌다는 뜻이다.

예전에는 사람을 판단할 때 능력이 우선이었지만, 이제는 아니다.

어떤 가치관을 가졌느냐, 어떻게 개성을 발휘하느냐, 힘겨운 상황에서 어떤 선택을 하느냐가 중요해졌다.

이런 눈으로 사람을 보니 성공한 사람들이 부럽지 않게 되었다.

더 중요한 건 주변에 있는 사람들이 다르게 보인다는 것이다.

가려졌던 개성이 보이고, 작은 매력이 눈에 띄기 시작했다.

덕분에 사람이 좋아졌다.

세상엔

성공했기 때문에 자기답게 사는 것처럼 보이는 사람이 있고,

자기답게 살기 때문에 세상이 말하는 성공에 신경 쓰지 않는 사람이 있다.

이젠 알 것 같다.

진정한 성공이란 사람들이 부러워하는 삶이 아닌, 나답게 사는 것임을.

나다움이 성공임을.

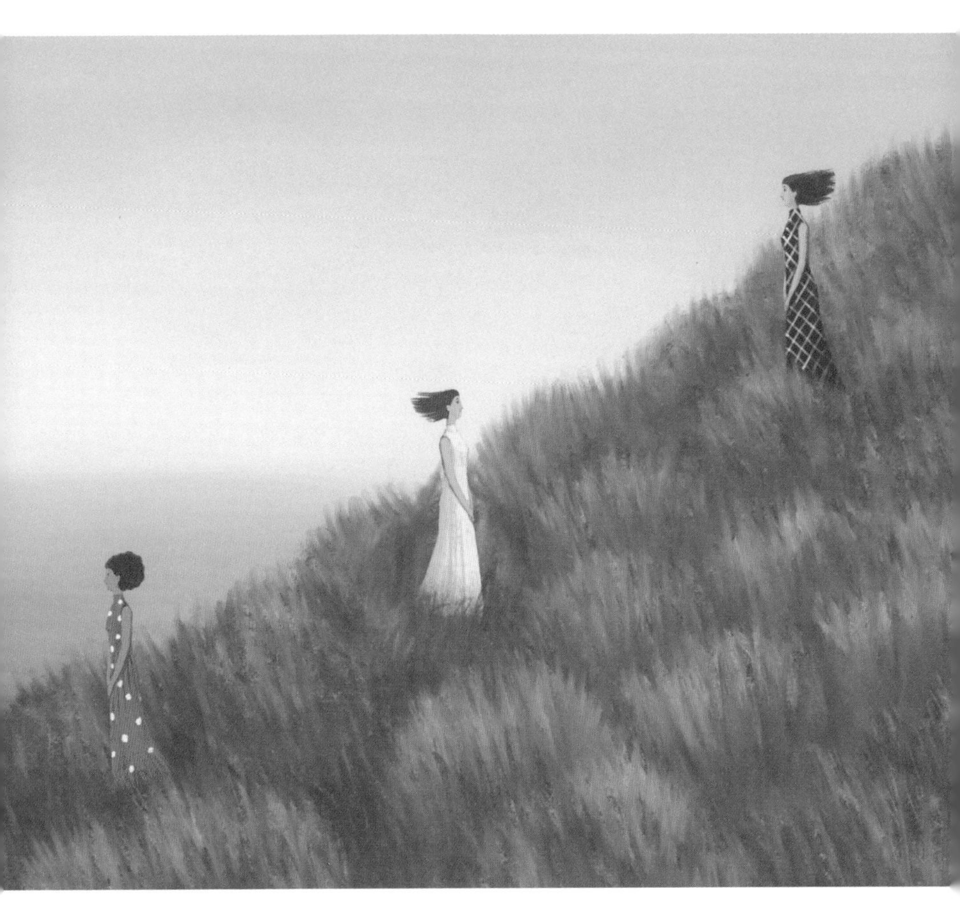

진짜 성공은 남들보다 잘 사는 것이 아니라,
타인의 삶을 존중하면서 자기답게 사는 것이다.

4장

가깝지도 멀지도 않게 머물 것

나답게 사는 길에서서

이 모든 일은 하나의 소망에서 비롯되었다.

'나를 찾고 싶다.'

화두를 던져 놓고 가만히 생각해 보니 이 소망을 완성하려면 세 가지가 필요해 보였다.

우선 '나'가 무엇인지 알아야 했다.

다음 '찾는다'는 게 구체적으로 어떤 행위여야 하는지 알아야 했다.

마지막으로 '찾음이 완료되었다'는 징후를 어떻게 포착해야 하는지도 관건이었다.

이렇게 분석적으로 접근하는 일은, 그러나 첫 질문부터 난관이었다. 내가 읽은 많은 책들은 공통적으로 이렇게 말했다.

'나라는 존재는 고정된 게 아니다.'

설령 '찾는다'는 게 가능하다고 해보자. 그런데 이 녀석은 밤에는 서리가 되고, 아침에는 안개가 되며, 낮에는 구름이 된다. 아침에 찾았다고 믿었던 게 낮이 되면 사라진다. 낮에 다시 되찾았더라도 밤에는 또 잃어버린다.

이 술래잡기는 완료되는 순간을 맞이할 수 없다. 최종 국면을 무한히 뒤로 후퇴시키며 영원한 숨바꼭질 지옥에 우리를 빠뜨린다.

뭔가 단추가 잘못 꿰졌다.

실타래처럼 얽인 문제의 해결책은 뜻밖에도 화두의 변경에 있었다.

> "내가 누구인지 알아가는 일이란, 자기 내부에 무엇이 존재하는지 발견하는 문제가 아니다. 도리어 자신이 되고자 희망하는 누구인가를 창조해 내는 것이다."
>
> _ 칙센트미하이

'나 찾기'를 '나 만들기'로 바꾸기란 마치 오컴의 면도날처럼 수백

페이지짜리 수학 증명을 단 한 장으로 바꾸는 마법과 같았다. 직관적으로 이해하기 쉬웠고, 혼란스런 모순 역시 사라졌다. 칙센트미하이의 말처럼 굳이 꺼진 불을 뒤적거리며 없는 불씨를 찾을 필요 없이 다시 부싯돌로 불을 피우면 된다.

고대 그리스 사람들은, 모든 생명은 타고난 잠재력을 실현하려는 본성을 가진다고 말했다. 이때 잠재력을 최대한 실현한 상태, 자신이 될 수 있는 최고의 모습에 도달한 상태를 아레테(arete)라고 불렀다.

가장 높은 시상대에 오른 올림픽 메달리스트는 해당 종목에서 가능성을 최대한 실현한 자, 즉 아레테를 달성한 자다. 아레테에 도달했음을 우리는 어떻게 알 것인가? 아레테로 가고 있는지 아닌지는 그 사람만이 느낄 수 있는데 옳게 가고 있다면 그는 '기쁨'을 누리기 마련이다.

기쁘다는 건 아레테를 향하고 있는 사람만이 느끼는 명징한 징후다.

서른 즈음 직장생활을 시작했지만 행복은 내 것이 아니었다.

직장생활이 계속될수록 월급과 인생을 바꾸었다는 좌절감만 커갔다.

잠재력을 전혀 발휘하지 못하고 있었다.

그때부터 몸부림이 시작되었다.

시작은 책이었다.

출근길 지하철에서 읽었고, 점심시간 밥을 욱여넣으며 읽었고, 퇴근 후에도 읽었다.

틈틈이 글도 썼다. 강의도 들었다.

자기계발에서 역사, 철학, 문학까지 닥치는 대로 읽고, 듣고, 썼다.

가슴 떨리게 만든 책, 귓가에 쟁쟁한 강의는 수십 번 읽고 들었다.

이상하게도 노력이 힘들거나 괴롭지 않았다.

직장일은 내 피를 팔아서 돈을 번다는 느낌 때문에 힘겨웠지만, 자기 일은 원하는 곳을 향해 나아가고 있다는 확신으로 홍겨웠다.

그렇게 시간이 흘렀고, 작은 강의를 시작했고, 책도 냈다.

진짜 인생이 시작됐다는 걸 느꼈다.

기뻤다.

잠재력이 실현되고 있다는 생각에,

내가 원하는 길을 발견했고 그곳으로 나아가고 있다는 생각에 발걸음이 달라졌다.

지금도 여전히 그 길 위에 있다.

내가 바라는 길 위에 있는지는 내 발걸음이 말해준다.

스타일을 지키면 존중받는다

직장 시절, 툭하면 회식이었다.

빠지면 귀가 또 간지러울 게 뻔해서

술자리가 잦았다.

사람마다 술버릇이 다르다는 걸 그때 알았다.

수다스러워지는 사람, 자는 사람, 술잔이 마를 날이 없는 사람, 노래방까지 달리는 사람까지.

나?

난 집에 간다.

아무도 몰래 사라진다.

"저 집에 가요. 10시까지 집에 들어가야 해서요."

사라진 인간의 대답이다.

기다리는 사람이 있는 것도 아니고, 통금시간이 정해진 것도 아니다.

같은 일이 반복되면 동료들도 짐작한다.

"얘 또 갔네."

술만 마시면 왜 사라지는지 동료가 묻길래 대답한다.

"10시까지 집에 들어가는 게 제 스타일이라서요."

왜냐는 물음이 뒤따른다.

"저와의 약속입니다. 일찍 들어가서 책도 좀 보고…."

물론 예외는 있다.

좋은 사람과 어울리거나, 깊은 빡침이 찾아온 날이거나.

스스로 통금을 정한 건 나만의 시간을 갖고 싶어서였다.

싸가지 없다는 비난을 각오한 일이지만 다행히 뒷말은 별로 없었다.

나중에 알게 된 사실인데

동료들은 10시만 가까워지면 사라지는 신데렐라를 이렇게 평했단다.

"쟤 원래 그래. 자기관리 하나는 칼이야."

이 경험으로 깨달은 게 있다.

사람들은 자기 원칙을 가진 사람을 존중한다는 것.

어쩔 수 없이 타인의 요구에 끌려 다니는 사람이 있다면 이 방법을 추천해본다.

주의사항이 있다.

절대 강하게 의사표시를 하지 말 것.

평소 자기 몫을 잘 수행하여 남에게 피해를 주지 말 것.

이 두 가지를 해내야 한다.

예외 없는 법칙이 없는 것처럼 가끔 원칙이 무너질 때가 있다.
특별한 사람을 만날 때 그렇다. 특별하니까.

생각아, 멈춰라

거절만큼이나 어려운 게 있다. 부탁이나 요구다.

한번은 덜 익은 수박을 샀다. 칼로 갈라 보니 속이 허옇다.

내가 아는 그 얼굴들은 득달같이 달려갔겠지만

나는 그 자리에 멍 하니 선 채 마음만 바빴다.

내가 뽑았으니 어쩔 수 없다 ….

뽑기에 실패한 셈 치자 ….

그렇게 속상함을 달래며 억지로 입에 욱여넣는다.

갈등을 피하고 자기를 합리화하는 최선책이었다.

회사에서도 같은 일이 반복되었다.

자기 업무에 소홀한 동료 (한 놈) 때문에 내 책상에는 일 더미가 쌓여 갔다.

한 번씩 돌아가며 맡기로 한 일인데 그가 미룬 덕에 내 차지가 되었다.

화가 났지만 말 한마디 못했다.

남들은 이런 나를 성격 좋다고 여기는 듯했지만 속은 곪고 있었다.

대인기피증이 발병했다.

치료제는 안 만나기. 만나지 않으면 부탁할 일도, 요구할 일도 없다.

처음은 편했지만 곧 부작용이 생겼다. 자신감이 감소했다.

자신감 감소는 자기혐오로 이어졌다. 이런 내가 너무 싫었다.

남들은 당연하게 요구하는 걸 나는 왜 못하는 걸까?

"생각이 많아서 그래."

친구의 진단이다.

"상대방의 기분을 너무 많이 배려하면 하고 싶은 말을 못 해."

"생각하지 말고 그냥 말해 봐. 손해 볼 거 없잖아."

귀가 번쩍 뜨였다.

'생각하지 않기!'

다음날 직장동료와 티타임을 가졌다. 담아두었던 말을 꺼냈다.
반응이 의외였다.
"미안합니다. 미처 생각지 못했네요. 앞으로 제가 잘 챙길게요."

이런 경험을 하면서 알게 된 건 끙끙 속앓이는 답이 아니라는 사실.
내 기분이 어떤지 이야기하고, 부탁도 하고, 요구도 한다.
그리고 거절도 당해 본다.
거절을 당해도 똑같다.
너무 깊이 생각하지 않기.

내가 수만 시간을 생각에 몰두한다 한들
세상을 구하랴, 아니 나 자신도 못 구한다.
엎지른 물에는 고민이 필요한 게 아니라
마루를 훔칠 걸레가 필요한 법이다.

닥터 파우스트처럼 외친다.
"생각아, 멈춰라!"

대학시절 학생운동에 열혈이었던 친구는 이렇게 말하곤 했다. 정면돌파, 완전승리. 승리하든 패배하든 정면돌파가 답이다.

하루를 주도적으로 사는 방법

나답게 살 수 있느냐를 결정하는 건 오늘 하루다.

오늘 하루를 나답게 살 수 있다면 내일도 그럴 수 있다.

나답게는 오늘을 내가 원하는 방식으로 살 수 있느냐에 달렸다.

하루를 내 것으로 만들려면 하루를 설계해야 한다.

오늘 무엇을 어떻게 할 것인지 계획하고 실행하고 피드백할 수 있어야 한다.

그때 통제력이 생기고 삶의 만족도가 높아진다.

사는 것이 재미없다고 느낄 때가 언제인지를 생각해보면 금방 알 수 있다.

사는 게 재미없을 때는 내 마음대로 안 될 때다.

상황에 대한 통제력을 잃어버렸을 때다.

힘든 일이 있어도 통제력을 발휘해서 해결할 수 있다면 아무런 문제가 안 된다.

오히려 힘든 상황을 내가 이겨냈다는 것이 긍정적인 기분을 불러온다.

주도성과 통제력은 삶의 질을 결정하는 바로미터다.

주도성은 통제력과 관련이 있다.

내가 내 삶을 통제할 수 있을 때 주도성은 높아진다.

내 방법은 이렇다.

수첩에 오늘 일과를 기록한다.

작은 일까지 소소하게 기록하고 할 일의 목록을 만든다.

오전에는 무엇을 하고, 오후에는 누구를 만나고, 저녁은 어떻게 지낼 것인지를 기록한다.

오늘 일과를 예측하면서 하나씩 해치운다.

일과는 언제든 틀어질 수 있다.

그래서 예측이 필요하다.

어떻게 진행될지, 어떤 어려움이 따를지 함께 고려한다.

최악의 경우, 계획이 모두 실패할 수 있음을 생각한다.

그것까지 예측한다.

그렇게 예측하다 보면

내 인생의 차로에

깜박이 없이 뭔가 불쑥 끼어들 수 있음을 이해하게 된다.

예측은 중요하다. 어떻게 진행될지, 어떤 어려움이 있을지 등을 예상할 수 있기 때문이다.

예측은 예측할 수 없던 것을 예측하게 해준다.

예측하다 보면 예측할 수 없었던 것을 발견하게 된다.

그렇게 갑작스러운 일에 대한 대비가 가능해지고 통제력이 좋아진다.

일을 잘하는 사람은 그 일에 대한 프로세스를 잘 알고 있다.

프로세스를 잘 안다는 것은 어떤 일이 발생할 것인지 예측할 수 있다는 말이다.

예측은 문제의 통제력을 높이는 훌륭한 방법이다.

오늘 무엇을 할 것이며 어떤 일이 일어날 수 있는지 예측해보자.

예측하지 못한 것을 예측할 수 있을 것이다.

그렇게 하루의 통제력이 생기면서 삶의 질이 높아진다.

나답게 나의 하루를 설계해야 한다.
하루의 프로세스를 알고 문제를 예측할 수 있는 사람이 자기다운 사람이다.

떠나고 싶은 자 떠나는 모습을

아버지는 군인이셨다. 귀신을 잡는다는 그 군인.

권위적인 아버지 때문에 내게 집은 어려운 곳이었다.

학창 시절은 아버지를 향한 미미한 투쟁의 역사다.

필패했기에 혼나고 벌섰던 기억밖에 없지만.

한번은 동생과 싸우는 바람에 함께 벌을 섰다.

여자아이에게 원산폭격이라니 지금 생각하면 아동폭력이 따로 없다.

내 편이 되어준 엄마가 있어 집을 나오지 않고 견딜 수 있었다.

아버지와의 애증은 지금도 계속되고 있다.

여든이 넘은 나이에도 꼬장은 여전하다.

해가 갈수록 고집에 어리광까지 더해져 비위 맞추기가 무척이나 까다롭다.

한번은 커피를 공손하게 끓여 오지 않았다고 단식투쟁에 들어가기도 했다.

무릎 꿇고 울며불며 석고대죄를 한 후에야 마음이 풀렸다.

정치 이야기라도 나올라치면 흑백논리, 과잉일반화 등 인지왜곡의 남부럽지 않은 예시를 몸소 보여주신다.

여러 번 싸우다 지쳐 이제는 포기다.

로마의 철학자 에픽테토스는 내가 바꿀 수 있는 것과 없는 것을 가려내는 능력이 행복을 결정한다고 했다.

바꿀 수 있는 것은 바꾸려고 노력하고, 바꿀 수 없는 것은 그대로 두어야 행복하다는 말이다.

당연한 말 같지만, 실제 생활에서는 이게 잘 안 된다.

아버지의 생각 정도는 바꿀 수 있을 것 같은데, 그게 불가능한 거였다.

이걸 아는 데 수십 년이 걸렸다.

바꿀 수 없는 건 그냥 두면 되는데, 왜 바꾸려고 기를 썼을까?

내 마음에 안 들기 때문이다.

마음에 안 드는 건 바꾸고 싶은 게 사람 마음이다.

그렇게 바꿀 수 없는 것을 바꾸려고 하니 괴로움만 커졌다.

강은교 시인은 '떠나고 싶은 자 홀로 떠나는 모습을, 잠들고 싶은 자 홀로 잠드는 모습'을 지켜보라고 했다.

바꿀 수 없는 것, 그들이 바라는 것을 그들의 방식으로 하도록 내버려 두는 것, 이것이 시인의 사랑법이다.

있는 그대로 두는 것, 그냥 지켜보는 것.

이것 또한 용기임을 나이가 들면서 알게 된다.

아버지는 아버지답게 살도록 놔두는 거다.

단, 원산폭격은 안 된다.

자신이 원하는 삶을 타인에게 강요하는 것이 이기심이다.

_ 오스카 와일드

무리하지 않는 선

피트니스 강사.

"도저히 안 될 것 같을 때, 한 번만 더 하세요. 그래야 근육이 생겨요."

근육까지는 기대 안 하는데….

자동차 판매원.

"젊을 때 조금 무리해서라도 더 좋은 걸로 타보세요. 나중에는 엄두를 못 내요."

이 차면 충분한데….

친구.

"딱 한 잔만 더 하자."

지금이 딱 좋은데….

선을 그어둘 필요가 있다.

선이 없으면 남들이 나를 무리하게 만든다.

무리당하지 않기 위해

20과 80 사이에 선을 긋는다.

에너지의 80은 일과 남을 위해 쓰고

20은 오직 나를 위해 쓴다.

20을 지키는 것,

무리하지 않는 선.

결심해본다.

20은 꼭 다른 것이 아닌 내게만 쓰기.

주의!

너무 많이 에너지를 남기면 잠이 안 올 수 있음.

가깝지도 않게, 멀지도 않게

사람 사이의 적당한 거리란 몇 미터일까?

사람 사이가 궁금했던 학자가 있다. 에드워드 홀(Edward Hall)이다. 그는 네 가지 거리를 주장했다.

하나, 친밀한 거리. 45cm 이내

방심하고 있어도 마음이 놓이는 거리. 언제든 어깨를 두르거나 스킨십이 가능한 거리. 연인이나 가족처럼 친밀도가 높은 사람과의 거리.

둘, 개인적 거리. 45cm에서 1.2m

특정 조건에서만 스킨십이 가능한 거리. 팔을 뻗거나 한 걸음 내딛기 전에는 닿지 않는 거리. 친구나 잘 아는 사람과의 거리.

셋, 사회적 거리. 1.2m에서 3.6m

당신이 누군지는 알지만 아직은 허락되지 않은 거리. 사무적이고 공식적인 사회생활의 거리.

넷, 공적인 거리. 3.6m에서 9m

낯선 사람과의 거리. 당신이 누군지도 모르겠고, 다만 예의와 상식이 있다는 전제로 만날 때 가능한 거리. 무대와 관객 같은 공적인 거리.

그의 4가지 분류를 곰곰이 생각해 보면
이방인을 경계하는 동물처럼 자기 영역을 지키려고 할 때도 있고
가까이 다가서도 으르렁거리지 않을 때도 있으며
가끔은 선을 침범해주기를 바랄 때도 있음을 알 수 있다.

이 모든 거리감은 개개인이 느끼는 그 감에 따르는데
문제는 가깝고 싶지 않은데 다가오는 사람들이다.
괜히 친한 척이다.
꿍꿍이가 있는 듯하다.

선을 그어줘야 한다.

너는 1.2m, 당신은 3.6m 이내 접근 금지.

너무 가까이 가면 안 되는 관계도 있다.

한번은 일하다 만난 분에게 동업을 제안 받았다.

신념이 있고, 배려심도 깊은 분이었기에 기분이 좋았다.

"선생님이랑 오래 보고 싶어요."

거절하면서 한 말이다.

한 걸음 떨어져 있으면 좋은 면만 보인다.

지나치게 가까우면 실망하기도 쉽다.

괴테의 말처럼 하인에게 존경받는 주인은 없다.

오래 좋은 사람으로 남고 싶다면 적당한 거리를 유지하는 편이 낫다.

상대를 지키고 나를 지키는 일이다.

나답게 살려면 타인과의 거리를 잘 지켜야 한다.
거리를 잘 유지해야 오래간다.

하루의 출발을 알리는 강력한 외침

한 소설가는 아침을 먹은 후,

하루를 시작하기 위해

복장을 갖추고 출근을 한다.

옆방으로.

고작 몇 걸음 안 되는 옆방이지만

그는 환복을 통해

생활인을 벗고 소설가로 탈피한다.

옷 갈아입기는 소설가로 변태하기 위해 치르는

그만의 성스런 의식(ritual)이다.

아침 식탁에 앉아 숟가락을 들거나 지하철에 몸을 싣는 것도
또는 양치질을 하거나 머리를 말리는 것도
출근하거나 등교하거나 혹은 외출하는 이들의 하루를 여는 의식이다.

의식은 힘겨운 하루를 버틸 약속이다.
토요일이나 일요일은 의식이 생략된다.
의식이 없는 날은
시나브로 하루가 저문다.

의식을 치르는 날과 생략한 날의 차이.
명료함과 어수선함.
의식은 팽팽한 하루를 알리는 강력한 외침이다.

새벽 4시 반에 일어나 아침을 챙기고, 7시에 출근하는 언니는
현관문을 나서기 전에 주먹을 불끈 쥐고 이렇게 외친다.
"파이팅!"
나도 "파이팅!"
하루를 시작하는 우리의 의식이다.

의식은 무엇인가 시작됐음을 나에게 인지시키는 거룩한 행위다.

의식이 생략된 하루는 낮과 밤의 경계가 모호하다.

이 혼란을 방지하는 방법.

하루를 시작하는 나만의 의식 치르기.

일어나 샤워하고, 아침 먹고, 설거지를 마치면

커피 한 잔 들고 책상에 앉는다.

그 순간 나의 진짜 하루가 시작된다.

현실은 언제나 피곤한 얼굴로 우리를 떠민다.

그럴수록 의식이 필요하다.

하루를 살든 백 년을 살든 인생을 결정하는 건 태도다.
태도를 준비하는 시간, 나만의 의식.

어떻게든 밖으로 나와야 한다

스물아홉, 대학을 나왔지만 갈 곳이 없었다.

취준생 3년 차의 잉여인간에게 대한민국은 따뜻한 곳이 아니었다.

입맛이 사라졌고, 책은 힘을 잃었고, 사람이 싫었다.

수면제에 의지해 겨우 잠들고 일어나면 저녁이었다.

작은 원룸 창 너머 세상은 내게 허락되지 않은 나라였다.

절망의 칼날에 매일 손목을 긋던 시간이었다.

통증은 무뎌지지 않았고,

찌그러진 맥주캔처럼 무기력함에 짓눌렸다.

어느 날이었다.

무슨 생각이 있었던 건 아니다.

그저 지금 여기서 탈출해야겠다는 충동이 불길처럼 일었다.

가방도 없이 무작정 길을 나섰다.

이곳저곳 정처 없이 다녔다. 한 번도 가보지 못한 곳들이었다.

길이 끝나는 곳에서 바람이 불어왔다.

앞섶을 헤치고 찬 기운이 몸속으로 스몄다.

아무도 찾는 이 없는 허름한 국밥집에 앉았다.

펄펄 끓어오르는 국밥을 한 술 뜨고,

뭐라도 해야겠다 …

생각했다.

그 길로

오랜 친구를 만나고, 작은 일을 찾았다.

시간이 흐르자 비집고 앉을 만한 세상의 자리가 보였다.

뭐라도 한다는 것.

그 행동에 생기가 있다는 걸 그때 알았다.

빈 깡통처럼 채이고 있다면 방법은 하나다.

무조건 밖으로 나올 것.

무기력의 함정에 빠졌다면 일단 뛰쳐나와야 한다.

〈희망의 인문학〉의 저자 얼 쇼리스 교수가 비니스 워커라는 교도소에 수감된 여성에게 물었다.

"왜 사람들이 가난한 것 같나요?"

그녀의 대답이 신박했다.

"그 사람들을 연극이나 박물관, 음악회, 강연회 등에 데리고 다녀주세요. 그들은 그런 속에서 시내 중심가 사람들의 정신적 삶을 배우게 될 겁니다."

사람이 자기 안에 갇혀 있을 때를 가난이라고 한다.

타인이나 세상과 연결될 때를 빈곤에서 벗어났다고 한다.

안에 머무는 건 나다운 게 아니다.

스스로 목을 조르는 자살행위일 뿐이다.

살다 보면 마의 구간을 지나야 할 때가 있다.
일단 빠져나와야 한다. 다른 방법은 없다.

몰래 하는 책 읽기가 좋은 이유

회사에서 당당하게 책 읽는 사람이 있을까?

회사에서 책 보면 일은 않고 논다고 생각한다.

시간이 남아돌아도 책은 보면 안 된다.

직장생활을 하며 눈치껏 책을 봤다.

마치 업무와 엄청난 관련이 있다는 듯 모니터와 책을 번갈아 보면서 심각하게 연구하는 척했다.

재미있는 건 책이 잘 읽힌다는 거다.

아무 일 없는 주말, 책을 들었다.

이상하게 집중이 안 된다.

10분을 넘기지 못하고 스마트폰을 집는다.

집중력을 발휘하는 건 방해하는 것이 있기 때문이다.

회사에서 책이 잘 읽히는 건 부장님이 독서를 방해하기 때문이다.

방해하는 것이 있을 때, 장애물이 있을 때 더 집중하고 노력하게 된다는 것을 우리는 쉽게 잊어버린다.

나답게 사는 일도 그렇다.

내가 뭘 원하는지 알고, 나답다는 게 어떤 것인지 잘 파악하고 있다면 노력해서 찾을 필요가 없다.

모르기 때문에, 찾아야 하기 때문에, 가로막는 것이 있기 때문에 열심히 찾는다.

나답게 살려고 노력하게 되는 건 나답게 사는 것을 방해하는 것이 있기 때문이다.

자유로운 사람은 자유를 위해 싸우지 않는다.

원하는 것을 이룬 사람은 도전하거나 노력할 필요가 없다.

아직 도달하지 못했기에, 얻지 못했기에 애를 쓴다.

나를 방해하는 것이 있다면 기꺼이

이용해주자.

나다움이 꽃 필 수 있도록.

책을 읽을 수 없는 환경 때문에 책 읽기가 소중하듯
나다운 삶을 가로막는 것들 덕분에 나답게에 다가갈 수 있다.

밥 먹는 걸 잊었다면 괜찮다

자로는 공자의 제자다.

누군가 자로에게 물었다.

"그대의 스승은 어떤 사람입니까?"

자로는 꿀 먹은 벙어리가 되었다.

자로가 돌아와 사연을 아뢰자 공자가 말했다.

"너는 어째서 그 사람됨이 한 가지에 열중하면 밥 먹는 것도 잊는다고 말하지 않았느냐?"

발분망식(發憤忘食)

공자의 자기소개다.

몰입한 이들은 공통점이 있다.

끼니를 거르고 잠을 잊는다.

밥 먹으라는 엄마의 잔소리에도 아이는 스스로 들어간 책의 감옥에서 나오지 않는다.

내일 지각하겠다는 걱정 어린 핀잔에도 키보드 앞을 떠나지 않는다.

즐기는 게 있다면 본능도 이긴다.

본능의 유혹을 잠재울 정도라면 나다운 것일 가능성이 높다.

나다움을 추구하는 이유는

그것이 즐거운 까닭도 있으나

내 안에 잠든 거인을 일깨우기 때문이다.

그 시절의 아이는 밥 때도 잊을 만큼 신나게 놀았다.

땅거미가 내리면

어둑어둑 긴 그림자와 함께 저 멀리로부터

꼬리 아홉 달린 여우가 나타났다.

감춰진 꼬리를 하나씩 세다 보면

어느새 목이 길어져 별들 사이로 얼굴을 내밀고 있었다.

망식(忘食)과 망시(忘時)와 망아(忘我)는 양분이 되었고,

그 사이

아이는 키가 두 뼘이나 자랐다.

다시 밥 때를 잊을 때다.

새벽 일찍 눈이 떠질 정도로 두근거리는 것이 있다면 무조건 해야 한다. 그게 무엇이든.

나의 비교철학

비교를 하지 않으면 참 좋겠지만

비교를 피할 수 없을 때 이렇게 한다.

자동차나 집, 가방처럼 물질적인 것은 나보다 못한 사람과 비교한다.

지식이나 태도, 가치관같이 정신적인 것은 나보다 나은 사람과 비교한다.

지금까지 반대로 했다.

물질적인 것은 자신보다 나은 사람과 비교했고

정신적인 것은 자신보다 못한 사람과 비교했다.

스스로를 괴롭혔다.

무엇보다

내상이 심했다.

잠깐은 정신승리에 마취되어 자존심을 지킨 듯이 보였다.

그러나 시기심은 늑대가 되어

주인의 목을 갈가리 찢는다.

아직은

분수를 알 만한 그릇이 못 되고,

정신을 고양시킬 만한 깜냥은 못 갖추었더라도

그래서 더욱

비교만큼은 올바로 한다.

물질은 부족한 사람과 비교하고

정신은 뛰어난 사람과 비교한다.

철학은 물질적 풍요에는 도움을 못 주지만, 정신적 건강함에는 도움을 준다. 비교의 철학을 배울 필요가 있다.

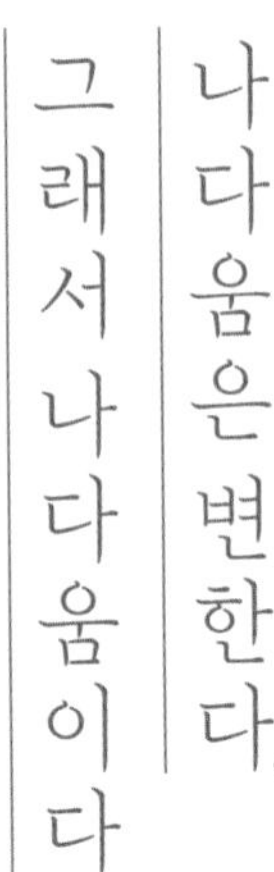

나다움은, 느낌으로 접근하면 찾기 쉬워 보이지만 정의를 내리려고 하면 어려워진다.

이유가 있다. 느낌은 변하지만 정의는 변하지 않기 때문이다.

나다움을 고정불변한 어떤 것으로 정의하면 다음날, 달라진 내 느낌 때문에 뭔가 나답지 않아 보인다.

정의된 나다움은 죽은 나다움이다.

마르크스는 인간을 '사회적 관계의 총체'라고 규정했다.

사회적 관점에서 나를 결정하는 건 나의 몸이나 생각이 아니라 타인과의 관계다.

누구와 어떤 관계를 맺고 있느냐가 내가 누구인지를 말해준다.

집에서는 딸이고, 출근하면 팀원이고, 모임에 가면 친구가 된다.

내가 누구인지는 내가 어디에 있느냐, 누구와 관계하느냐에 따라 달라진다.

나는 고정되어 있지 않고 관계에 따라 움직인다.

그 모든 관계와 연결된 총합이 나다.

내가 누구인지는 관계가 결정한다.

내가 아무리 나는 이런 사람이라고 말해도 다른 관계 속으로 들어가면 그런 말은 소용이 없어진다.

관계를 무시할 수 없는 이유다.

정신적인 면에서 나를 말하는 것도 쉽지 않다.

나는 내 생각들의 모음이고, 내가 믿고 있는 것들의 합이다.

내가 좋아하고 사랑하는 것이 나이고, 내가 바라고 원하는 것들의 합 또한 나다.

돈키호테를 설명하려면 그가 꿈꾸고 있는 것을 꺼낼 수밖에 없듯이 내가 꿈꾸는 것이 나를 더 잘 설명해준다.

내 겉모습보다 나를 더 잘 말해주는 건 내가 무엇을 좋아하고, 어떤 곳을 지향하는가다.

그 지향은 자주 바뀐다.

지적인 사람들은 '나다움'을 정의하려는 데 관심이 많다.

이성적 언어의 재료로 형상을 구축하려는 시도인데 오히려 힘들게 지은 집은 도리어 감옥이 될 뿐이다.

나다움의 정의는 국어사전적인 형태가 되어서는 안 된다.

니체 식 정의는 좋은 대안이다. 그는 '인간은 극복해야 할 그 무엇'이라고 말한다.

나는 나를 찾고, 나는 새롭게 변한다. 그래서 나를 찾는다.

그 과정의 즐거움이 나답게 사는 것이다.

나를 고정시키지 말자. 나는 변하고, 또 변해야 한다.

세상과 맞짱 뜨는 몇 가지 방법

좋든 싫든 세상과의 갈등은 피할 수 없다.

이 빌어먹을 세상과 어떻게 대결할 것인가?

세상에 대처하는 전략은 세 가지다.

첫째, 복종이다.

세상이 시키는 대로 산다. 싸울 필요가 없다. 속은 좀 터지겠지만 몸은 편하다.

둘째, 대결이다.

한판 붙는 거다. 사상과 신념으로 무장하고 인생 좀 다이내믹하게 만들면 된다. 동지들을 규합해서 일전을 불사한다. 과격한 호승심을 가진 전사들을 모아 세뇌도 시키자. 위험하지만 해 볼 만하다.

셋째, 타협이다.

적당히 양보하고 적당히 요구하며 심각한 대결은 피한다. 거짓 웃음과 가식에 익숙해질 수 있다면 가능하다. 물론 얼마간의 굴욕은 각오해야 한다.

어떤 방법을 선택하든 자유다.

한 가지만 고집하지 않고 때에 맞게 방법을 바꾸는 것도 좋다. 예를 들면 도피, 양보, 망각, 무심, 자학을 택해도 나빠 보이지 않는다.

딱 한 가지는 곤란하다. 투덜거림이다. 아무것도 하지 않음이다. 세상과 살갗을 맞대고 있기를 거부하면 답이 없다.

그래서 우리는 대결을 준비해야 한다.

어느 술자리에서 도수 높은 술을 들이켠 누군가 이렇게 말했다.

"내 위장이 어떻게 생겼는지 느낌이 팍 옵니다."

마신 건 술인데 내 위장의 모양이 감지된다.

마주하고 있는 대결 상대는 세상인데 알게 되는 건 내 모습이다.

때로는 복종하고, 때로는 대립각을 세우고, 때로는 타협하는 동안 우리는 내 모습을 알게 된다. 그렇게 알게 된 내 모습이 나답게의 출발점이다.

단, 매일 똑같은 방식으로 세상과 만나면 내게는 익숙함과 타성 외에 남는 게 없다.

시간의 감옥 속에 나를 가두고 싶지 않다면 내일은 다른 대결이 되도록 신경 써야 한다.

어제와 다른 전략이 새로운 대결을 만든다. 어제보다 진화한 전술이 새로운 대결을 만든다.

그렇게 바꿔보고, 고쳐보며 나를 만들어간다.

나다운 삶은 저절로 되는 게 아니라
세상과의 대결을 통해서 조금씩 만들어진다.

5장

자기 세계를 창조할 것

좋은 건 남 주는 게 아니야

혼자 사는 누가 매번 밥상을 반듯하게 차릴까. 반찬통 그대로 뚜껑만 열고, 남은 밥 빈 그릇에 무심한 듯 퍼 담아 의무방어전 치르듯 한 끼를 때우지 않는가.

내가 그랬다.

근사하게 차려 먹는 게 거추장스럽다는 생각에 후다닥 먹고 딴 짓 한다.

손님이라도 불쑥 찾아와야 찬장 깊숙이 보관해두던 그릇이 햇빛을 본다. 이거 꽤 비싸게 주고 산 것 같은데.

"좋은 건 남 주는 게 아냐."

어느 날, 영화 보다가 들려온 대사 한마디.

주연배우가 누군지, 스토리가 뭔지는 까먹었다. 이 말만 심장 깊숙이 똬리를 틀었다.

그 후 생각을 좀 바꿨다.

가장 좋은 건 내가 먼저.

자주 쓰는 건 좋은 걸로.

나답게 살려면 혼자 있는 시간이 축복이요, 명품처럼 느껴지도록 내 주위를 좋은 것들로 채워야 한다. 그래야 오래, 나답게 지낼 수 있다.

타인 출입 금지의 시간을 목숨처럼 지켜내고, 가장 빛나는 물건을 내게 선물하고, 배만 채우는 음식이 아니라 미각세포가 깨어나는 음식을 먹는 거다.

내가 좋아하는 것을 하고, 내가 좋아하는 맛을 찾고, 내가 좋아하는 영화를 튼다.

히히히,

아이의 웃음소리가

저 멀리 과거로부터 현재로 건너온다.

아이처럼 즐거웠던 기억이 얼마만인가.

젠하이저 이어폰을 끼고,
로얄 코펜하겐 잔에 커피를 따라,
허먼 밀러 의자에 앉은 채,
맥북으로 글을 쓰는 나를 본다.

꿈이지만
괜찮은 꿈이다.

가장 좋은 건 나를 위해

소금인형의 사랑법

출생의 비밀을 찾기 위해 길을 떠난 소금인형은 만나는 모든 이들에게 물었다.

"나는 누구일까요?"

사람들은 고개를 저었고, 계절은 빠르게 변했다.

어느 날 소금인형은 바다에 이르렀다.

바다의 웅장한 모습에 감탄한 소금인형이 물었다.

"당신은 누구신가요?"

바다가 대답했다.

"내가 누구냐고? 그건 말로 설명하기 어렵구나. 내 안으로 들어오렴. 그럼 내가 누군지 알 수 있을 거야."

넘실거리는 파도가 두려웠지만 소금인형은 이를 악물고 한 발씩 바다로 향했다.

한 걸음 한 걸음 바다로 들어갈 때마다 소금인형은 자신이 조금씩 녹는 것을 느꼈다.

하지만 바다는 너무 매력적이었다. 발걸음은 멈춰지질 않았다.

그렇게 마지막 머리카락 한 올이 녹아 없어지는 순간, 소금인형은 탄식과 함께 외쳤다.

"아! 이제 알 것 같아. 내가 누구인지."

사랑에 빠졌을 때 내가 누구인지 알게 된다.

두려움마저 이겨낼 만큼 감탄할 때 내가 누구인지 알게 된다.

사랑은 위험하다.

사랑에 빠지면 자기를 잊는다.

그만을 생각하게 되고, 그를 위해서 나를 던진다.

내가 사라지는 데도 행복하다고 말한다.

사랑에 빠지는 순간 알게 된다.

내가 누군지.

나는 그대를 사랑하는 사람이다.

사랑에 빠졌다면, 나답게 살고 있는 거다.

결과가 의외입니다

하기 싫은 일이 있습니다. 안 하면 찜찜한 일이 있습니다. 설거지나 청소, 빨래가 그렇습니다. 보통은 억지로 힘을 짜내 대충대충 해치웠습니다만, 언젠가부터 '천천히'의 마음을 실천하고 있습니다. 어느 책에서 스님들의 수행법을 읽은 뒤부터죠. 스님들은, 차를 마시는 행위를 수행이라고 부른답니다. 차를 '마시는 것'이라고 여기면 보통은 맛에만 집중하는데 스님들은 오감을 개방하여 육체의 통로로 수용되는 모든 정보를 감지하려고 노력합니다. 먼저, 보글보글. 포트 밑바닥부터 달아오르며 온도 차이가 발생하여 물이 순환하기 시작합니다. 일정 온도를 넘어서면 둥근 기포가 생기며 끓어오릅니다. 물 전체가 고르게 100도씨 가까이 도달하면 그때 비로소 우리가 '보글보글'이라고 부르는 그 소리가 들려옵니다. 다음, 또르륵. 첫 물방울이 빈 찻잔의 바닥에 닿는 순간의 소리를 시작으로 연쇄적인 마찰이 일어나며 또르르르, 또르르르 소리가 이어지다가 물이 차오르면 수심과 찻잔의 깊이에 따라 높고 가벼운 소리가 점차 낮고 무거운 소리로 옮겨갑니다. 따스함. 다 우려낸 찻잔을 살포시 잡으면 찻잔과 닿은 피부를 통해 화끈함이 전달되는데 이 느낌은 곧 아늑함과 포근함으로 바뀝니다. 그리고 은은함. 찻잔을 들면 아까부터 공기로 번지던 차향이 짙게 후각을 자극합니다. 입김을 호호 불어 첫 입을 대면 열기로 몸이 부푼 물방울들의 움직임이 느껴지고, 곧이어 찻물이 혀의 모양을 따라 입안으로 퍼집니다. 차향과 함께 온기가 신체에 퍼지며 비로소 차 마시기가 완성되죠. 이렇게 말로 적은 문장들은, 그러나 그 일부에 불과하고 스님들은 이 과정에서 벌어지는 모든 감촉과 느낌에 집중하게 되죠. 감각 경험에 대한 집중, 이것이 스님들의 차 수행법입니다. 공식을 대입한다는, 어린 시절의 교훈을 따라 차 수행법을 일상에 접목해 봅니다. 결과는 의외입니다. 설거지를 하는데 마치 아기가 모처럼의 낮잠에 빠진 듯, 소리 하나 내지 않고 조용히 그릇을 닦습니다. 내 손과 내 눈, 그리고 내 모든 감각은 그릇과 퐁퐁과 수세미에 집중합니다. 딱딱하고 미끌거리고, 기름지고 뽀드득하고, 차갑고 따뜻하고, 달그락거리고 촤아아 합니다. 그렇게 느끼며 하다 보면 '정갈하다'는 그 해묵은 단어가 현실로 다가오게 되죠. 그래서 공연히 개수대 청소까지 마치게 됩니다. 기분이요? 방금 욕탕에서 나와 선선한 그늘에서 몸을 말리는 것처럼 개운하기 이를 데 없죠. 시간에 쫓기는 날도 있지만 오늘도 쫓기면 진다는 생각으로 '스님처럼 천천히'를 되새기고 있는데, 결과는 진짜 의외입니다.

귀찮은 일을 괜찮은 일로 바꾸는 주문!
천. 천. 히.

이방인 정신으로 산다

부조리는 논리가 성립되지 않는다는 뜻이다.

말이 안 될 때 쓰는 말이 부조리다.

알베르 카뮈는 세상을 부조리하다고 했다.

우주는 어떻게 탄생했는지, 인간은 왜 살아가는지 설명할 방법이 없다.

있어야 할 이유가 없는데 뭔가 있다.

이 부조리한 세상에서 사람들은 다들 잘 사는 것 같다.

별 고민 없이 큰 어려움 없이 행복하게 그렇게.

그런 사람들이 부러울 때가 있다.

큰 고민 없이 산다는 건 타인이 만든 세상의 질서에 잘 적응했다는 뜻이기도 하다.

우주가 왜 어떻게 존재하는지 의문 품지 않고, 인간이 무엇인지, 나는 누구인지 고민하지 않고 살 수 있다는 건 이 세계와 잘 어울린다는 뜻이다.

적응을 잘 했다는 것은 자기 질문을 포기했다는 의미이기도 하다.

세상은 타인이 만든 잣대가 지배하는 곳이고, 이곳에서 자기답게 살려면 그 잣대를 허용하지 않겠다는 강한 결심이 필요하다.

행복과 불행의 잣대, 부와 빈의 잣대, 잘남과 못남의 잣대, 수많은 잣대와의 대결이 삶이다.

그 잣대에 의문을 품는 사람, 그것을 허용하지 않겠다고 결심한 사람은 부조리에 직면할 수밖에 없다.

세상의 시스템은 그래야만 하는 이유가 있어서 만들어진 것이 아니다.

그냥 그들의 이익과 방식에 따라 만들어졌을 뿐이다.

시스템 안에서 그들은 현지인이고, 나는 이방인이다.

살짝 억울해진다.

잠깐 달리 생각해보면 이방인이 나쁠 것은 없다.

이방인은 손해 볼 게 없는 사람이다.

잉여로 왔고 잉여로 살다 잉여로 사라질 것이다.

공짜로 얻은 인생이니 가볍게 살다 가면 그뿐이다.

가진 것이 많을수록, 현지인일수록 잃을 것이 많고 그만큼 삶이 무거워진다.

가벼운 걸음으로 신나게 가자.

어차피 우리는 모두 이 땅을 떠돌다 갈 이방인이 아닌가.

이런 이방인 정신이라면 나답게 살아볼 수 있지 않을까?

우리가 결국 먼지로 돌아갈 이방인임을 자각하는 건,
삶의 우선순위를 다시 매기는 데 도움을 준다.
나답게 사는 건 이방인처럼 사는 것이다.

자기만의 방

헨리 입센의 희곡 〈인형의 집〉에서 주인공 노라는 자신이 남편에게 길들여진 인형에 불과했다는 사실을 깨닫는다. 애완견이 된 자신의 모습에 충격을 받은 노라는 자기를 찾기 위해 집을 나온다.

중국 현대문학의 아버지로 불리는 루쉰은 〈인형의 집〉을 읽고 이렇게 말했다.

"그녀는 각성한 마음 이외에 또 무엇을 가지고 나갔는가? 가지고 나간 것이 여러분이 가지고 있는 것과 같은 빨간 털목도리 하나뿐이라면, 그 넓이가 두 자이건 세 자이건 아무 소용이 없다. 그녀는 더 부자여야 하며, 핸드백 속에 준비가 되어 있어야 한다. 단도직입적으로 말하면 돈이 있어야 한다."

루쉰의 말에 핵공감, 독립은 마음만 있다고 되는 게 아니니까.

> "여성이 픽션을 쓰기 위해서는 돈과 자기만의 방이 있어야 합니다."
>
> _ 버지니아 울프, 〈자기만의 방〉

페미니스트의 선구자로 알려진 버지니아 울프도 돈과 자기만의 방을 강조했다.

돈이 경제적 여유라면, 자기만의 방은 삶을 펼칠 공간이다.

가끔 다른 사람의 방을 들여다볼 기회가 있다.

누구나 방은 있지만 자기만의 방이라는 느낌을 주는 곳은 별로 없다.

방은 그만의 사적 공간이고, 자신의 취향과 스타일에 따라 꾸며진 세계이다.

물리적 공간의 의미를 넘어 자기 생각을 펼치고, 에너지를 얻는 공간으로 확장된다.

누구의 간섭도 없이 자기답게 지낼 수 있는 영역, 그곳이 방이다.

돈만 있으면 된다고 생각하기 쉽지만 그게 다가 아니다.

돈만 있고 자기다운 방이 없다면, 자기답게 산다고 할 수 있을까?

돈은 중요하다. 그러다 보니 착각한다.

돈만 있으면 다 해결될 거라고….

자기만의 방을 꾸미는 것은 자기다운 영역을 만드는 중요한 일이다.
책이 좋다면 장서를,
영화가 취미면 빔 프로젝트를,
여행이 낙이면 추억 사진을,
고양이를 사랑한다면 집사의 도구를.

내 방은 나다워야 한다.

나다운 건 밖으로 드러날 때 선명해진다.
내가 꾸민 방, 내가 읽은 책, 내가 만난 사람들….

체취 묻히기

위로 누나가 셋이다.

군것질이 마렵던 어린 시절, 엄마가 붕어빵을 사 왔다.

누나들에게 강탈당하지 않기 위한 나만의 필살기, 침 바르기.

"나, 침 발랐다!"

첫째 누나는 소리를 지르고 둘째 누나는 기겁하지만 셋째 누나는 달랐다.

가끔 예외도 있었지만 침 바르기는 웬만하면 통했다.

프랑스의 철학자 미셸 세르에 따르면

나의 침 바르기는 개들의 전봇대 오줌 누기와 완전히 똑같은 행위였다.

'자기 것으로 만들기'

학창시절, 붙어 있는 책상 가운데에 금을 그은 것도, 삐뚤빼뚤 이름으로 견출지를 붙인 것도 모두 영역 표시의 한 가지였다.

나다운 삶에서도 영역 표시는 중요하다.

영역 표시가 없으면 침범당하기 일쑤다.

어떻게 표시할까? 내가 다니는 길에 쉬를 할 수는 없는 노릇. 그렇다고 '여기까지가 내 영역입니다.' 하고 이마에 써 붙이고 다닐 수도 없다.

좋은 방법이 있다. 더럽히기.

자기 방을 장식하고 꾸미고 더럽히듯 나만의 개성으로 나다움을 듬뿍 드러낸다. 머리스타일이어도 좋다. 복장이어도 좋다. 언어 습관이어도 좋다. 생활 규칙이어도 좋다. 뭐든 좋다.

"저 사람은 원래 그런 사람이야."

이런 말이 나오도록 자기 삶의 스타일리스트가 되는 거다.

더럽힌다는 건,

내 주위를 꾸미고, 색칠하며 내 방식을 보여주는 행위다.

동물은 더럽혀서 영역을 표시하고, 사람은 개성으로 자신을 드러낸다. 맘껏 체취를 묻히자. 상대가 함부로 선을 넘지 않도록!

약점으로 웃을 수 있기

웃음거리가 되지 않을까, 손가락질 받지 않을까?

타인의 시선에 너무 신경 쓰고 두려워하는 사람을 '젤로토포비아(Gelotophobia)'라고 한다.

젤로토포비아 성향을 가진 사람은 다른 사람을 비하하거나 험담하는 것을 즐겨하는 경향도 강하다.

남의 뒷담화를 즐기는 사람치고 자기 삶에 만족하는 경우가 드문걸 생각해보면 충분히 이해가 간다.

반대로 부족한 자신을 거리낌 없이 드러내는 사람은 자아가 건강하다.

자기 삶에 당당하기에 남들이 뭐라고 하든 별 신경을 쓰지 않는다.

심지어 자기를 망가뜨려 웃음을 주기도 한다.

사람은 자기에게 웃음을 주는 사람을 좋아하는 경향이 있기 때문에 인기도 많다.

완벽한 사람은 적이 많고, 허점 있는 사람은 친구가 많다.

"내가 좀 허당이잖아."

"미쳤지. 내가 왜 그랬나 몰라."

"그때 오줌을 누려는데 똥이 나와서…."

자기 약점이나 실수를 이야기의 소재로 삼고 웃을 수 있다면 멘탈이 건강한 사람이다.

자아가 건강한 사람은 놀림을 받아도 웃을 수 있다.

자아가 건강하지 못하면 칭찬을 받아도 꿍꿍이를 의심한다.

조심할 것은 유머와 자기비하는 다르다는 것이다.

자기를 보고 웃을 수 있는 것은 자신의 부족한 면도 인정하고 받아들인다는 뜻이지 못난 자기를 부정하는 것이 아니다.

나답게 사는 사람은 솔직하면서 비굴하지 않다.

우리는 모두 완벽함이 조금씩 부족할 뿐이다.

어느 강아지의 푸념

아니, 주인님 잠깐만요, 그렇게 잡아당기시면 곤란해요. 살살해 주세요. 물론 당신이 절 길러주시는 건 알지만 그렇다고 아무 때나 함부로 낚싯줄 당기듯 낚아채면 제 체면이 뭐가 되겠습니까? 저 멋진 암컷이 저에게 블루라이트를 켜고 있는데 하필 이때 그러시면 모처럼 각 잡고 있는 제가 좀 민망해지잖아요? 지난번엔 쉬가 다리에 묻을 뻔했다고요.

물론 이 줄을 풀어달라는 건 아니에요. 이 줄은 내가 떠돌이 개가 아니고, 당신이 내 견주임을 알려주는 중요한 표식이 되기도 하니까요. 가끔은 주제 파악도 못하고 시비를 거는 옆집 치와와의 도발로부터 저의 폭주를 막아주는 중요한 역할도 하죠. 당연히 이 줄은 있어야 해요.

그렇다고 그게 당신이 함부로 당길 권리가 있다는 뜻은 아니잖아요? 저는 대부분의 경우, 매우 얌전한 아이예요. 세상에 대한 끝없는 호기심이 있을 뿐, 악의는 없죠. 저는 당신과의 관계를 매우 중요하게 여기고 있고, 당신의 판단을 존중해요. 그렇다고 제가 당신의 종이나 장난감은 아니죠.

목줄을 잡고 있는 손길을 통해 저는 당신의 생각을 느낄 수 있어요. 저는 당신이 자연스럽고 부드러운 방식으로 줄을 제어할 때 제가 존중받는 반려견이라는 느낌을 받아요. 반대로 저도 목줄을 통해 당신께 신호를 보내며 교감을 나누고 있다고 생각해요.

저번처럼 돌부리에 걸려서 당신이 넘어지는 상황이 아니라면 저는 목줄을 세게 잡아당기는 당신을 이해할 수 없을 거예요. 우리 사이에 이어진 끈은, 그처럼 팽팽한 상태를 오래 견디지 못하거든요.

가끔 저는 당신의 목에 목줄을 거는 상상을 해요. 당신이 나를 기르듯, 나도 당신을 기르는 것이라고 생각해요. 서로가 서로를 기르고 있으므로 눈에 보이지 않아도 우리가 끈으로 연결되어 있다는 얘기겠죠. 언젠가는 이 끈이 필요 없는 날도 오겠지요. 눈에 보이는 끈이 없어도 우리가 서로를 충분히 신뢰하고 존중하면 그건 서로를 잇는 끈이 있다는 뜻이니까요.

우리 댕댕이들도 보이지 않는 끈이 서로를 연결하고 있다는 사실을 잘 알아요. 그 끈은 서로를 속박하기 위한 끈이 아니죠. 평소에는 우리가 서로 연결되어 있다는 정도의 의미이지만 힘들 때는 위로가 되고, 넘어질 때는 힘이 되는 연대의 끈이에요. 그때 잡아당겨도 충분한 이 끈을 기분 내키는 대로 마구 잡아당기면 곤란해요. 우리가 같은 시공간을 살아가는 끈끈한 사이라도 먹는 밥그릇이 다르고, 자는 잠자리가 다르고, 꾸는 꿈이 다르고, 하고 싶은 것도 모두 다르죠. 우리는 끈으로 이어져 있지만 그래서 일정한 거리를 유지하는 게 어쩌면 더 좋은 관계를 만드는 방법일지도 몰라요.

여유를 갖고 믿음을 갖고 보이지 않는 끈으로 조심스레 저를 당겨주세요. 제가 다음 생애에 당신 견주가 되면 저 역시 아름다운 줄 당김의 미학을 선보이고 싶네요.

줄은, 너무 팽팽하면 끊어져요.

그 오징어 부부는
사랑한다고 말하면서
부둥켜안고 서로 목을 조르는 버릇이 있다

_ 최승호, 〈오징어3〉

사람 사이는 가까울수록 좋은 것이 아니다.
적당해서 좋은 것이다.

소수에 집중한다

너무 많은 인간관계가

너무 많은 가면처럼 보일 때가 있다.

세상이 나를 인정해주지 않는 것 같아서

조바심에

아는 사람만 늘렸다.

작은 가게를 운영하는 친구가 있다.

한 명의 고객도 놓치지 않으려고 열심이다.

고객을 확보해야 생계를 유지할 수 있다는 생각에 늘 긴장감으로 산다.

너무 열심히 해서일까?

다른 사람들에게 필요 이상으로 많은 신경을 쓴다.

모든 사람에게 좋은 사람으로 보이려고 노력한다.

문제는 자기 생각을 확실하게 표현하지 못한다는 거다.

친구들은 딱하다는 눈치다.

자기 생각을 표현하지 못하면 깊은 관계를 맺을 수 없다.

형식적이고 평범한 관계에 그치게 된다.

형식적 관계는 아무리 많아도 충만감을 얻을 수 없다.

많은 사람을 아는 것이 중요한 게 아니다.

한 명이라도 나를 이해해주고 생각이 통하는 사람이 있어야 한다.

관계의 질은 숫자가 아니다.

모든 사람에게 사랑받으려 하면 아무에게도 인정받지 못한다.

사업도 마찬가지다.

사업을 도와주는 건 스쳐 지나가는 고객들이 아니라 자주 찾아주는 단골들이다.

그 단골이 입소문을 내고 사람을 데려온다.

모든 사람을 만족시키려고 할 것이 아니라 한 사람을 깊이 만나야 한다.

곧 주변에 비슷한 사람들이 모여들게 될 것이고 그렇게 좋은 관계망이 만들어진다.

삶을 결정하는 건 친구의 숫자가 아니라 관계의 질이다.

삶의 질은 소수의 사람이 결정한다.

솔직

사람들은 성공한 이들을 보며 말한다.

"돈 벌더니 사람이 변했어."

"성공하더니 사람을 무시해."

"저런 인간인 줄 몰랐어."

그래도 이런 말 좀 들어보고 싶다.

이런 말 들어보고 싶은

그런 날이 있다.

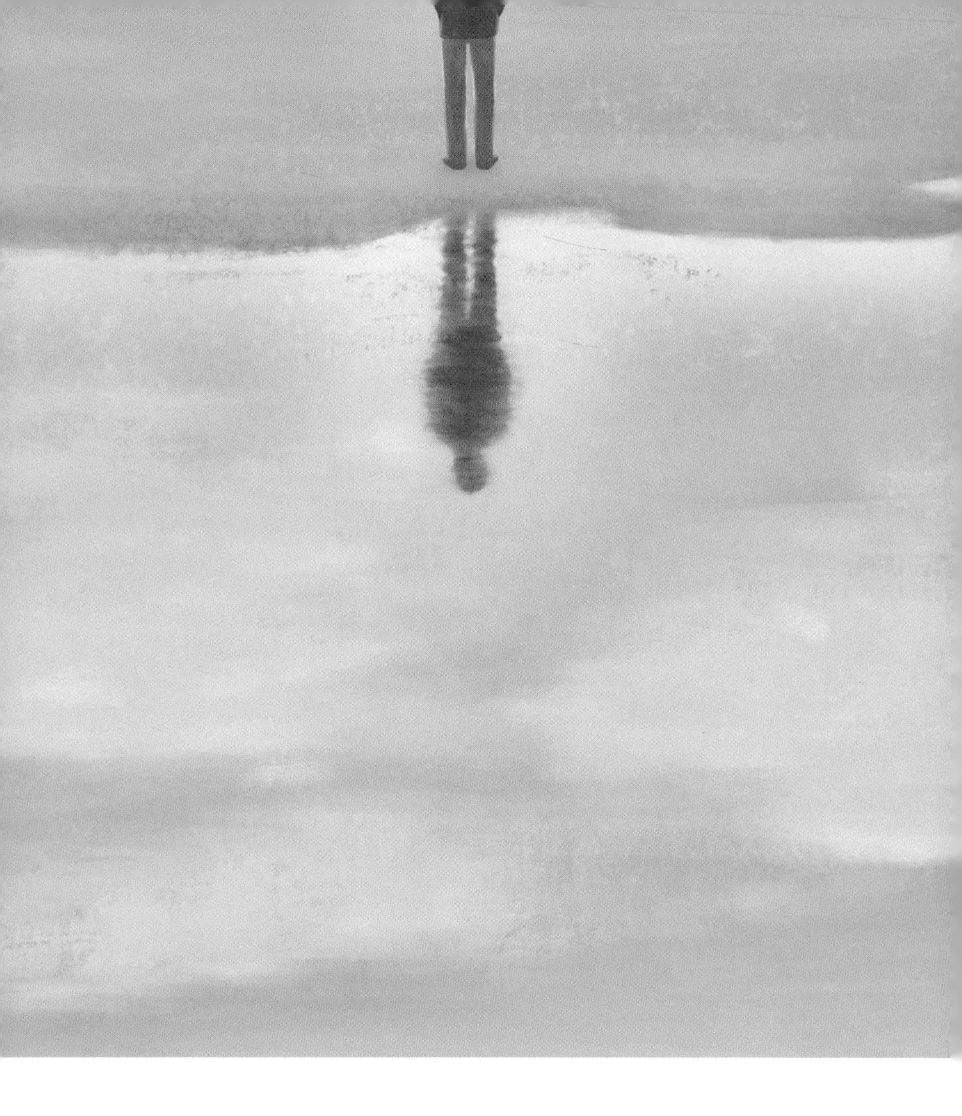

그런 날이 있다. 그냥 그렇다는 거다.

아무렴 어때

혼자 살아서 좋은 점은 엄마가 집에 없다는 거다.

혼자 살아서 안 좋은 점은 엄마가 집에 없다는 거다.

마흔이 넘은 나는, 역시 마흔이 넘은 언니와 부모님 집에서 같이 산다.

학창시절 자유를 찾아 그렇게 떠나고 싶었던 그 집이, 지금은 너무 좋다.

나이가 들면 같이 살아서 좋은 점이 많아진다. 최소한 월세 걱정, 밥 굶을 걱정은 안 해도 된다. 돈 없을 때 빨대 꽂을 수 있는 은행원 언니도 있다. 잔소리가 월세라면 얼마든지.

나잇값 못하고 부모님과 싸울 때도 있다.

화가 나서 주변 오피스텔 시세를 알아본다. 화난 마음이 사르르 녹는다. 등 붙일 집을 준 가족들이 고마워 눈물 난다.

나 같은 캥거루족을 세상은 놀려대지만, 그게 어때서. 잉여 돋지만 그게 어때서!

잉여인간이 되지 않기 위해 힘 있는 자들 눈치 보며 굽실대는 것보다 낫다.

얕보지 마시라.

이래봬도 사람 만날 때 밥은 내가 산다. 1억 넘는 연봉을 자랑하는 친구를 만나도 밥값은 내 차지다. 이유는 모르겠다. 일단 '마음이 편해서'라고 해두자. 좋은 사람에게는 뭐든 해주고 싶은 마음이랄까.

이런 나를 '철없다', '세상 물정 모른다', '20% 오버한다'며 핀잔이다.

돈은 당연히 부족하다. 그래도 언니에게 구걸하면 어떻게든 메워진다. 구걸 정도로 메울 수 있다면 얼마든지.

톨스토이의 책 〈사람은 무엇으로 사는가〉에는 친절한 부부가 나온다. 헐벗은 사람을 데려와 빵을 나누어주고, 일거리를 찾아주는 좋은 사람들이다. 하루는 아내가 이기적인 이웃 사람들의 모습이 조금 얄미웠던 모양이다.

"우리는 남을 도와주는데 왜 아무도 우리를 도와주지 않는지 몰라요."

아내의 물음에 남편이 대답한다.

"아무렴 어때!"

질투와 비난, 다툼은 여전히 힘이 세지만 우리는 함께 웃고, 사랑하고, 용서하고, 희망을 꿈꾼다. 우리 마음속엔 아직 밝음이 남아 있다. 그 밝음을 따라 산다면 세상은 살 만하다고 믿는다.

다른 사람은 그렇게 안 산다고?

아무렴 어때.

난 나답게 산다.
누구 눈엔 초라해 보일지 모르지만 그래도 나답게 산다.

다양한 가치에 관심을 두자

혼자 살수록 돈에 대한 애착이 강해진다.

다른 사람의 도움을 받기 어렵다면, 믿을 건 돈밖에 없다는 생각 때문이다.

그럴수록 인색해지기 쉽고 주변 사람들과 멀어질 수 있다.

돈에 대한 집착이 가진 또 다른 문제는 새로운 일을 할 가능성을 죽인다는 거다.

새로운 일은 지금만큼 수입이 안 될 거라는 두려움과 연결된다.

싫어도 그나마 안정적인 지금의 일에 매달릴 수밖에 없다.

미래의 두려움과 현재의 불만 사이에서 신경증에 시달리는 것, 이

것이 우리 정신의 현주소다.

두려움에 맞서는 방법은 단순하다.

돈에 관심을 덜 가지는 것이다.

어떻게?

방법은 의도적으로 돈이 아닌 다른 것에 눈을 돌리는 것이다.

일, 취미, 사람, 배움 등.

돈보다 중요하고 가치 있는 것들이 많다.

사실 돈이 필요한 이유도 중요한 것을 향유하기 위해서다.

돈이 없어도 누릴 수 있다면 돈에 대한 집착도 약해진다.

돈에 관심을 덜 가질수록 새로운 일에 도전하고 가치 있는 것을 선택할 가능성도 높아진다.

평판도 좋아지고, 사회적으로 괜찮은 사람이 되었다는 느낌도 얻을 수 있다.

회사생활에서 월급만 생각하면 안 된다.

좋은 동료를 얻고, 지식과 기술을 배우고, 일의 프로세스를 익힐 수 있다.

이런 경험은 돈으로 얻을 수 없는 것이다.

월급 받으면서 사람, 기술, 일까지 배운다고 생각하면 직장생활도 괜찮은 장사다.

직장을 그만두겠다고 결심한 후에도 몇 년을 더 다녔다.

경제적 이유도 있었지만, 감각을 잃어버리고 싶지 않은 마음이 컸다.

글을 쓰려면 직장인의 마음을 알아야 한다.

직장인의 마음은 직장인이 가장 잘 안다.

좋은 글을 쓰기 위해 직장에 조금 더 머물렀다.

덕분에 현실 직장인의 마음으로 글을 쓸 수 있었다.

한 치도 손해도 보지 않으려는 마음, 이것이 모든 불만과 불평과 불행의 근원이다.

시야를 좁게 만들고 돈 이외의 것을 보지 못하게 한다.

다른 가치로 눈을 돌려보자.

삶의 새로운 차원이 열린다.

자기보다 더 큰 것에 자기를 던진 사람은 영웅답고,
돈보다 더 중요한 것에 관심을 둔 사람은 자기답다.

에너지를 얻는 사람을 만난다

그가 분명 빨대를 자신의 아아 커피잔에 꽂았는데
왜 커피가 빨리는 게 아니라
내 기운이 빨리는 것처럼 느껴질까?

만나면 기운이 쭉쭉 빨리는 것 같은 사람이 있다.
남들을 비난하거나 깎아내리는 사람이다.
지나가며 슬쩍 던지는 비난이 아니다.
대화의 80이 험담이다.
듣다 보면 딴 생각에 빠진다.
그는 허공에 이야기하고

나는 백색소음으로 시선을 돌린다.

피해야 할 사람이 또 있다.
힘든 일이 생길 때만 연락하는 유형이다.
이번에는 내가 커피를 못 삼킨다. 마시는 족족 목에 걸린다.

오늘도 그는 도저히 혼자서는 헤쳐 나갈 자신이 없단다.
칭얼거리며 뭔가 해주기를 기대한다.
받는 게 습관이 되었는지
도와줘도 고마운 줄 모른다.

이런 만남들은
물론 내가 그렇게 길들인 것이라면 미안하지만
아무튼 이제 그만.

당신의 건강을 위해 우리 그만 만나요.
당신 문제는 당신이 알아서 하세요.

건강한 사람이 좋다.
노예를 만나면 노예의 생각을 익히게 된다.

주인을 만나야 주인의 생각을 얻는다.

짧은 몇 마디 말이 세월 깊은 우물같이 들리는 사람

탁자를 넘겨다보는 눈망울에 큰 나무와 그늘이 담겨 있는 사람

그런 사람이 좋다.

십여 년을 만나온 분이 있다.

생각이 고리타분하다며 기피하는 사람도 있던데

내겐 특별한 분이다.

이야기를 나누다 보면 혼자 잘 살자 결심했던 마음이 급반성 모드로 전환된다.

잊고 살던 것, 생각지 못했던 것, 무시하던 것들이

일시에 부유하며 내 손에 닿을 듯하다.

만나고 돌아설 때면 드는 생각,

조금은 좋은 사람이 될 수 있을 것 같아….

관계를 유지하기 위해 억지로 싫은 사람을 만나는 건 바보나 하는 짓이다. 만나면 에너지를 얻는, 그런 사람과 사귀자.

옷에는 내가 없다

아인슈타인은 평소에 옷 욕심이 없었던 모양이다. 한 친구가 물었다.

"자네는 왜 그렇게 낡은 옷을 입고 다니는 거야?"

아인슈타인이 답했다.

"동네 사람들이 나를 모르거든."

상대성이론으로 유명해진 후에도 옷차림은 달라지지 않았다.

친구는 의아했다.

"아니, 아직도 낡은 옷을 입고 다니는 거야?"

아인슈타인이 대수롭지 않은 듯 말했다.

"동네 사람들이 나를 다 알거든."

양자역학의 관점에서 바라보면 아인슈타인의 태도는 문제적이다. 양자역학에서 물질은 누가 보면 자신의 모습을 바꾸기 때문이다. 관찰이라는 행위가 물질의 상태에 영향을 미친다.

예컨대 빛은 관찰자에 따라 입자도 되고, 파동도 된다. 파동이란 실체가 없는 떨림을, 입자란 무게가 나가는 실체를 의미하는데 빛은 실체와 비실체 사이를 부지런히 오간다. 직장에서는 근엄한 상사였다가 집에서는 온순한 양이 되는 남편들처럼.

양자역학에 회의적이었던 아인슈타인은 그의 믿음답게 행동했다. 누가 보더라도 나는 달라지지 않겠다! 옷 따위에 아인슈타인이 있을 리 없다.

새 옷 영수증은 없었지만 대신 아인슈타인에게는 바이올린과 도스토옙스키의 작품과 우주가 있었다.

자기 세계가 있으면 남의 이목에 신경을 쓰지 않아도 된다.

하고 싶은 것이 있고, 가야 할 길이 있기 때문이다.

바이올린을 배우든, 도스토옙스키를 읽든 나를 위해 하자.
중요한 건 자기 세계를 풍성하게 가꾸는 것이다.

음악성과 대중성 사이에서

어느 오디션 프로그램이다. 오랫동안 무명으로 살아온 가수가 고백한다.

"음악성과 대중성 사이에서 늘 고민해왔어요."

나와 그들 사이에서 오지도 가지도 못하며 삶을 견뎠다.

나답게 살 것이냐 남들에게 맞추며 타협하고 살 것이냐, 이것이 문제였다.

나답게 살면 이기적이라는 평판 때문에 괴롭고, 남에게 맞추면 내가 사라지는 것 같아 슬프다.

나와 타인 사이에서 타협점을 찾는 것, 나답게 사는 문제의 핵심이다.

키르케고르는 이 점을 정확히 간파했을 뿐 아니라, 생생하게 느꼈다.

> "방금 파티에서 돌아왔다. 나는 파티의 주인공이었다. 익살과 재치를 겸비한 말이 쉴 새 없이 내 입에서 쏟아져 나왔고, 사람들은 웃음을 터뜨리며 나를 부러운 눈으로 쳐다보았다. 그러나 나는 떠나왔다. … 그리고 나는 나를 총으로 쏘고 싶었다."
>
> _ 키르케고르

함께 있으면서 편안함을 느끼는 사람들도 있겠지만, 내 경우는 그렇지 못하다.

그렇다고 함께 있을 의지가 없는 것도 아니다.

함께 웃고 떠들 수는 있지만, 그것이 나를 고양시키거나 충만하게 만들지는 못한다.

게다가 한바탕 모임을 벌인 후에 남는 것은 마음에도 없는 말들만 늘어놓았다는 허무함과 이제 끝났다는 홀가분함뿐이다.

이럴 때 혼자와 여럿 사이, 나와 그들 사이에서 방황하는 나를 발견한다.

도대체 나는 어디에 어떻게 서 있어야 할까?

오디션에 참가한다는 것은 다른 사람들에게 평가받고 인정받겠다는 의지가 담긴 일이다.

오디션 가수는 잠시 잊고 있었다.

사람들 앞에서 '나답게 할 테니 인정해주세요'라고 떼를 쓰고 있었다.

타인이 속한 세상에서 자기 마음대로 하면서 인정받으려는 욕심쟁이.

그것이 나였다.

나답게 한다는 건 막무가내로 밀어붙이는 게 아닐 거다.

더 부드럽게, 더 섬세하게, 더 매력 있게 벼리는 거다.

거칠고 둔탁하고 지저분한 나다움이 무슨 소용이 있을까?

한때 나다우면 된다는 생각에 막무가내였던 적이 있다.

남들이 어떻게 보든 내가 하고 싶은 말을 내 방식으로 하면 된다고 생각했다.

용감했지만 현명하지 못했다.

남들의 피드백에 상처 입을수록 더 두꺼운 실드를 치며 어리석은 자신을 변호하기에 급급했다.

나답게는 갈고 닦고 가꾸어야 하는 일종의 생명이라는 걸 아는

데 많은 비용을 치렀다.

덕분에 나를 고정시키지 않게 되었고, 예술성과 대중성 사이에서 고민할 필요도 사라졌다.

"오늘은 함께 즐길 거예요. 나답게."

딜레마에 빠졌던 오디션 가수의 말이다.

나답다는 건 갈고 닦는 거다.
섬세하고 부드럽고 세련되고 매력 있게. 함께 즐길 수 있도록.

갓생러로 산다

인류는 거대한 존재들과 전쟁을 벌이며 지금의 사회를 이룩했다.

제우스, 반고, 누, 시바라는 거대 존재들과 우상화된 종교의 신들이 지배하던 신화와 종교의 시대는 인문학과 과학을 무기로 삼은 인간들의 투쟁 덕분에 저물었다.

민족주의의 옷을 입은 전체주의로부터 인간을 해방시킨 건 자유민주에 대한 인류의 열망 덕분이다.

오늘날은 거대 존재들이 다 사라졌을까? 아니다. 여전히 싸움은 끝나지 않았다.

지금 우리의 적은 산업화가 낳은 거대 괴물들이다. 이 괴물들은 규모의 경제를 설파하며 한없이 덩치를 키우는 동시에 자기들을 위해 일해 줄 사람들에게 '성공'이나 '자기계발'이라는 이념을 단체로 주입한다.

풍요로운 사회를 만드는 데 한몫했던 이 이념들은 절대적 빈곤이 끝난 상황에서도 끊임없이 번식하며 거대 존재로 군림하고 있다.

그리고 지금 빌딩숲을 이룬 도시 곳곳에서 반란을 꿈꾸는 자들의 게릴라전이 펼쳐진다.

그 이름은, 갓생(God生)이다!

갓생의 핵심은 거대 존재로부터 해방되었는지 여부다.

내가 아닌 다른 누군가 헤게모니를 쥐고 있는 이념이나 믿음을 따른다면 그건 갓생이 아니다.

판사, 변호사, 의사, 장관 등의 단어가 성공이라는 개념의 주위를 위성처럼 맴돌며 우리 삶을 특정 형태로 유도한다.

그 유혹에서 벗어나 자기다운 소소한 성취를 달성하며 하루를 보내는 것이 갓생이다.

대기업 회장이나 원룸 학생이나 하루를 시작하는 건 비슷하다.

아침이면 눈곱을 떼고 집을 나설 준비를 해야 한다.

이때 어떻게 시작하는지가 하루를 나답게 보낼 수 있는지를 결정한다.

늦잠을 자보면 깨닫게 된다.

하루가 얼마나 짧아지는지.

일찍 시작할수록 할 수 있는 것이 많아진다.

두 시간 정도 헛짓해도 남은 시간에 만회할 수 있다.

일찍 일어나는 작은 성취가 중요한 이유다.

갓생러로 사는 비결은 작고 사소한 것에 집중하는 것이다.

매일 같은 시간에 일어나기.

이불 잘 개기.

책상 정리 정돈하기.

하루에 열 쪽 책 읽기.

제때 잠들기.

삶이 무너지는 건 정신 때문이 아니다.

습관 때문이다.

작은 습관이 멘탈을 결정한다.

멘탈은 하루아침에 만들어지지 않는다.

최소 몇 달은 꾸준히 패턴을 유지해야 한다.

반복에서 자기 믿음이 생긴다.

자존감도 높아진다.

자존감은 자기에 대한 믿음과 내일에 대한 확신을 준다.

체계화된 루틴은 체력과 집중력을 높여주고, 시간과 에너지의 낭비도 최소화한다.

알차게 시간을 사용할수록 보람도 커진다.

작고 사소한 성취는 미래의 불안을 떨쳐내는 좋은 방법이다.

현재에 집중하기 때문에 미래의 문제에 마음을 덜 쓴다.

정돈된 책상이 주는 작은 만족감은 오래 앉아 집중할 수 있는 힘으로 이어진다.

깨끗한 싱크대는 유쾌한 요리와 산뜻한 식사를 보장한다.

작고 사소한 노력이 경쾌한 생활력의 방편이다.

소소한 성취라고 하지만 실제로는 소소한 성취가 아니다.

거대 존재로부터 자유로워졌기 때문에, 순위를 매기는 시스템으로부터 해방되었기 때문에 아무리 작은 일이라도 '보잘것없다'는 느낌이 없다.

일찍이 갓생러의 삶을 살았던 그리스인 조르바는 이렇게 말한다.

"할 때는 화끈하게 하는 겁니다. 못 하나 박을 때마다 우리는 승리해 나가는 겁니다."

못 하나 박을 때마다, 아침에 눈뜰 때마다, 책 한 쪽 넘길 때마다 승리하는 것.

갓생러의 삶이다.

아침에 눈을 떴을 때 무엇을 하는지를 보면 당신이 어떤 사람인지 알 수 있다.